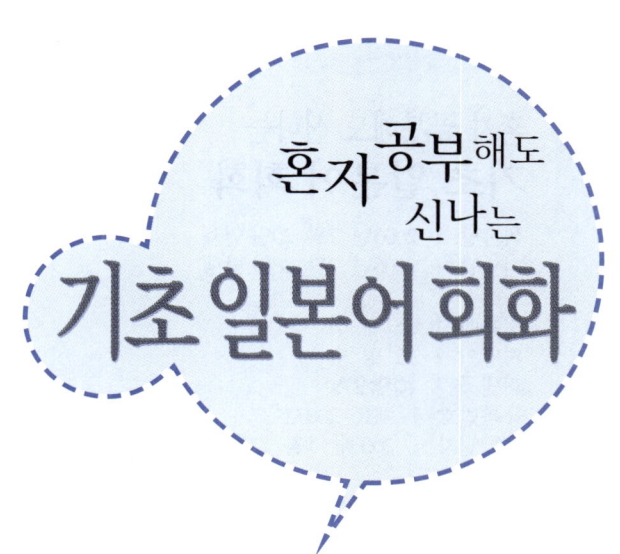

혼자 공부해도 신나는
기초 일본어 회화

혼자 공부해도 신나는
기초 일본어 회화

찍은날 ┃ 2006년 7월 20일 인쇄
펴낸날 ┃ 2006년 7월 28일 발행

지은이 ┃ 소 현 점
펴낸이 ┃ 조 명 숙
펴낸곳 ┃ 돌샘 맑은창
등록번호 ┃ 제16-2083호
등록일자 ┃ 2000년 1월 17일

주소 ┃ 서울특별시 금천구 가산동 235-53 우림빌딩 201호
전화 ┃ (02) 851-9511
팩스 ┃ (02) 852-9511
전자우편 ┃ hannae21@korea.com

ISBN 89-86607-51-4 03730

값 11,000원 (카세트 테이프 2개 포함)

• 잘못된 책은 바꾸어드립니다.

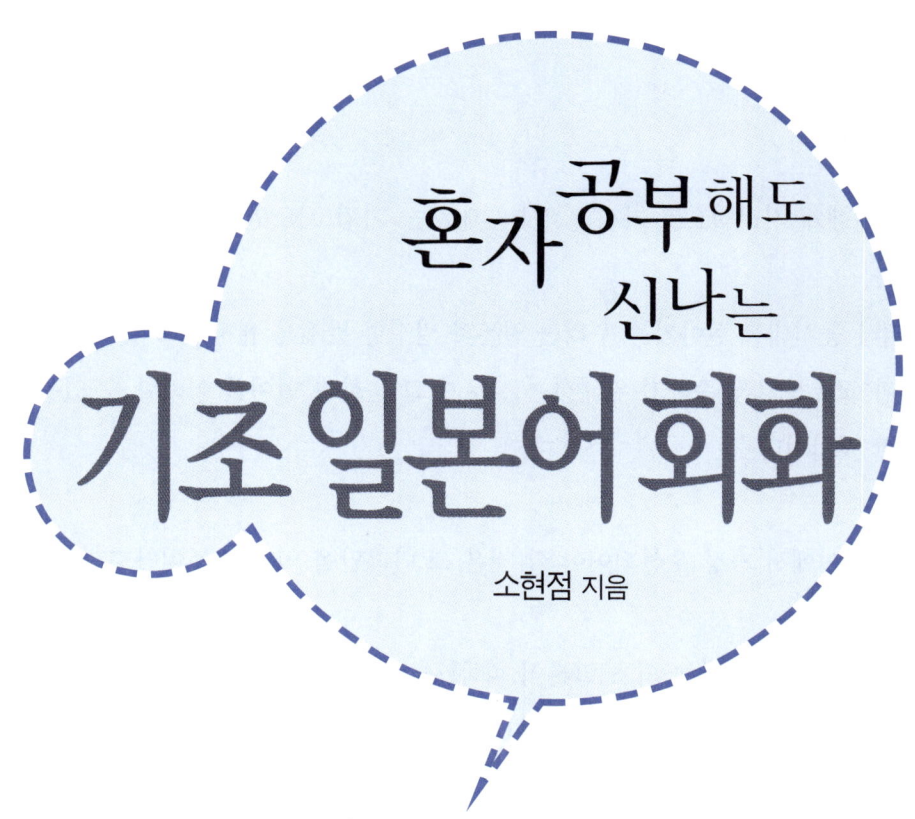

혼자 공부해도 신나는
기초 일본어 회화

소현점 지음

도서출판 맑은창

◉ 이 책을 내면서

    한국인에게 지리적으로 가까운 일본. 때로는 '가깝고도 먼 나라 일본'이라고들 합니다.
    그러나 동시대를 살아가는 우리는 일본과 밀접한 관계를 유지하고 있으며, 또한 그들과 교류하고 공존하기 위해서는 서로가 그 문화와 언어를 이해할 수 있을 때 가능할 것입니다.

    그런 의미에서 가장 우선되어야 할 것은 그 나라말을 익히는 것이라고 할 수 있습니다.
《혼자 공부해도 신나는 기초 일본어 회화》는 일본어를 조금 알고 있거나 기초는 공부했지만 아직도 부족하다고 생각하시는 분들을 위한 회화책입니다.

1. 아주 기본적인 기초 회화 표현에서부터 일본에서 생활할 때 실제로 많이 쓰이는 표현들을 중심으로 구성하였습니다.
2. 장면별로 여러 상황에 맞게 구성하였으며, 상세한 설명을 하였습니다.
3. 일본과 한국의 문화 차이를 고려해서 설명하였습니다.
4. 기초를 완벽하게 다질 수 있으며, 비즈니스 회화로까지 응용할 수 있도록 했습니다.
5. 테이프를 활용하여 정확한 발음을 구사할 수 있도록 하였습니다.
6. 책을 보지 않고 테이프만 듣고도 공부를 할 수 있도록 해석도 녹음하였습니다.

외국어는 하루아침에 습득되지 않습니다. 매일매일 지속인 관심을 갖고 반복학습을 통해 완성된다고 생각합니다. 테이프를 통해서 반복해서 들음으로써 귀에 익숙해지도록 하는 것이 무엇보다 중요합니다.

이 책으로 공부하는 요령은 우선 책을 여러 번 반복해서 들어서 귀에 익숙해지도록 한 다음 문장을 따라서 여러 번 소리 내어 읽으세요. 그런 다음 자신이 설정한 장면에 따라 자신감을 갖고 말을 해보세요. 조금 틀리거나 조사가 틀리더라도 상관없습니다. 외국어는 틀리는 것을 두려워한다면 습득하기 어렵습니다. 틀리더라도 자신감을 갖는 것이 무엇보다 중요합니다. 그리고 유사한 장면을 설정해 말을 해보면 응용력이 길러지리라고 생각합니다.

일본문화를 이해하고 일본인과 교류해보시겠습니까?
그럼 도전해 보십시오. 한 걸음 한 걸음…….
여러분의 도전에 도움이 되길 바랍니다.

끝으로 하나님께 감사드리며, 이 책이 완성되기까지 격려해 주신 유한대학의 야마구치 선생님께 깊은 감사를 드립니다.

소 현 점

◎ 차 례

이 책을 내면서 / 4

1. 인사 (1) / 11
    1. 만났을 때 인사 ··· 12
    2. 안부 인사 ··· 16
    3. 오랜만에 만났을 때 인사 ·· 20
    4. 첫 대면 인사 ·· 24
    5. 소개할 때 인사 ··· 30

2. 인사 (2) / 37
    6. 헤어질 때 인사 ··· 38
    7. 외출·귀가할 때 인사 ·· 42
    8. 사과할 때 ··· 44
    9. 감사할 때 ··· 50
    10. 축하할 때 ··· 58

3. 일상적인 표현 / 63
    1. 날씨·계절 ··· 64
    2. 시간 ·· 76
    3. 날짜·요일 ··· 80

4. 약속 / 85
1. 약속할 때 …………………………………………………… 86
2. 약속 변경 …………………………………………………… 93

5. 가정 / 101
1. 가족 ………………………………………………………… 102
2. 주거 ………………………………………………………… 109
3. 직업 ………………………………………………………… 116

6. 길 묻기 / 123
1. 길 묻기 및 안내 …………………………………………… 124
2. 길을 잃었을 때 ……………………………………………… 131

7. 교통 / 139
1. 비행기 ……………………………………………………… 140
2. 전철·지하철 ………………………………………………… 147
3. 기차 ………………………………………………………… 153
4. 택시 ………………………………………………………… 158
5. 버스 ………………………………………………………… 163

차 례

8. 쇼핑 / 167
    1. 물건 사기 ··168
    2. 계산하기 ··177
    3. 물건값 깎기 ··184
    4. 반품 및 교환 ···187

9. 식사 / 193
    1. 음식 주문 ··194
    2. 식사할 때 ··199
    3. 계산할 때 ··207

10. 초대 / 209
    1. 초대하기와 승낙 ··210
    2. 거절하기 ···216

11. 방문 / 221
    1. 대문 앞에서 ··222
    2. 현관에서 ···224
    3. 응접실에서 ···227
    4. 방문을 마치고 돌아갈 때 ··································230

12. 전화 / 235
　　1. 전화를 걸고 바꿔 줄 때 …………………………236
　　2. 부재중 …………………………………………242
　　3. 잘못 걸려온 전화 ………………………………251

13. 부탁 / 255
　　1. 부탁하기 …………………………………………256
　　2. 허가를 구할 때 …………………………………261
　　3. 거절하기 …………………………………………266

인사 (1)

1. 만났을 때 인사

2. 안부 인사

3. 오랜만에 만났을 때 인사

4. 첫 대면 인사

5. 소개할 때 인사

1 만났을 때 인사

회화_1

たなか　せんせい
田中_ 先生、おはようございます。
　　　선생님, 안녕하세요.(아침에 만났을 때)

せんせい　たなかくん
先生_ 田中君、おはよう。
　　　다나카군, 안녕.

　　　きょう　　はや
　　　今日は、早いね。
　　　오늘은 일찍 왔구나.

たなか
田中_ はい、ちょっと 早めに 来ました。
　　　네, 좀 일찍 왔어요.

새단어

- 今日(きょう) 오늘
- 早(はや)い 이르다, 빠르다(시간적으로)
- 来(き)ました 왔습니다
- ちょっと 잠시, 잠깐
- 来(く)る 오다
- 早め 조금 이른 듯함, 조금 빠름 *速(はや)い 빠르다(속도가)

✱ 田中君 다나카군

君(くん)은 '～군'의 의미로 동년배나 손아랫사람을 부를 때 '(성이나 이름)くん'

이라고 한다. 주로 남자에게 쓰는 호칭이지만 남자 상사가 부하인 여직원을 부를 때, 또는 남자선생님이 여학생을 부를 때는 여자에게도 쓴다.

*おはよう。 안녕 / 안녕하세요(아침 인사)

    おはよう。는 친하거나 손아랫사람에게 하는 아침 인사이며, 주로 남성들 사이에서는 더욱 줄여서 おっす。라고 가볍게 인사하기도 한다. 그러나 친하지 않거나 윗사람에겐 반드시 おはようございます。라고 하지 않으면 실례가 된다.

    회사나 가게에서는 출근하여 직원이나 동료들과 그 날 처음 만났을 때 시간에 구애받지 않고 おはようございます。(おはよう)라고 인사한다.

    こんにちは。(낮인사), こんばんは。(저녁 인사)는 연령이나 친분에 관계없이 표현하며, 뒷말이 생략된 표현이므로 윗사람에게 인사할 때는 こんにちは。나 こんばんは。라고 인사한 다음 お元気ですか。(잘 지내십니까?)나 또는 その後(ご) どう(いかが)ですか。(그 후 어떠세요?) 등과 같이 적절한 인사말을 곁들이는 것이 바람직한 인사가 된다.

    참고로 생략된 표현은 경우에 따라서는 정중함이 부족한 것처럼 느껴질 수 있다.

회화_2

^{よしだ}
吉田_　金さん、こんにちは。
　　　　김아미 씨, 안녕하세요.(낮에 만났을 때)

金アミ_　こんにちは。いい お^{てんき}天気ですね。
　　　　안녕하세요. 날씨가 좋네요.

^{よしだ}
吉田_　ええ、そうですね。どちらへ お^{でか}出掛けですか。
　　　　네, 그러네요. 어디 나가세요?

金アミ_　ええ、ちょっと そこまで。
　　　　네, 잠깐 어디 좀 갔다 오려구요.

📖 새단어

▎天気(てんき) 날씨 お天気는 天気의 미화적인 표현
▎出掛(でか)ける 외출하다, 나가다

✿ いい お天気(てんき)ですね 날씨가 좋네요

　기본 인사 후 いい お天気ですね(날씨가 좋네요) 등과 같이 날씨 인사를 곁들임으로써, 자연스러운 회화로 이끌어 간다. 인사를 받는 사람은 ええ、そうですね(네, 그러네요) ええ、いい お天気ですね = いい 天気ですね(네, 날씨가 좋네요)라고 맞장구를 치는 것이 일반적이다.

※ どちらへ お出掛(でか)けですか　어디 나가세요

길거리 등에서 만났을 때 하는 인사로 다른 표현으로는 どこか おでかけですか (어디 가세요?)라고도 한다. 이는 어디 가는지 구체적인 대답을 요하는 질문이 아니라 의례적인 인사이므로 구체적으로 대답하지 않고, ええ、ちょっと そこまで(네, 잠깐 어디 좀 갔다 오려구요)라고 일반적인 인사를 나누기도 한다. 여기서 お出掛けですか는 出掛けますか보다 경어 표현이므로 외워서 같은 상황에서 활용하도록 하자.

2 안부 인사

회화_1

たなか
田中_ こんばんは。
안녕하세요. (저녁 인사)

金アミ_ あ、田中さん、こんばんは。お元気ですか。
아, 다나카 씨, 안녕하세요. 잘 지내십니까?

田中_ はい、おかげさまで 元気です。
네, 덕분에 잘 지냅니다.

金さんは おかわり ありませんか。
김아미 씨는 별고 없으시죠?

金アミ_ はい、かわり ありません。
네, 별일 없습니다.

 새단어

- 元気(げんき) 원기, 기력 *元気が ある(ない) 기운이 있다(없다)
  *元気だ 건강하다, 활발하다(な형용사)
- 元気な子供(こども) 활발한 어린이
- かわる 변하다, 바뀌다
- おかげさまで 덕분에, 덕택에

※ 田中さん   다나카 씨

さん은 성, 이름에 さん을 붙여 경의를 표현하고, '～씨, ～님'에 해당한다. 주로 성(姓)에 さん을 붙여 호칭하는 것이 일반적이고, 친할 경우는 이름에 さん을 붙여 부르기도 한다. 더욱 경의를 표현하고 싶을 때는 ～様(さま)를 붙여 부른다. 'ヨン様(욘사마)'가 한 예가 될 것이다.

※ お元気(げんき)ですか   잘 지내세요

お元気ですか는 가장 일반적인 안부 인사이다. 상황에 따라 '잘 지내십니까? 건강하세요?' 등의 의미이며, 그에 대한 일반적인 대답은 はい、おかげさまで 元気です(네, 덕택에 잘 지냅니다), はい、おかげさまで(네, 덕택에요), はい、げんきです(네, 잘 지냅니다)라고 답해도 좋다. 손아랫사람이나 친구 사이라면 가볍게 元気(잘 지내니)라고 묻기도 한다.

※ お、ご

おかわりありませんか、お元気(げんき)ですか、ご家族(かぞく)は에서처럼 일본어에 お、ご를 붙이는 경우가 있다 이는 상대방에 대한 존경이나, 단어의 미화를 표현하는 것이다. 상대방에게 존경을 표현하는 의미로 おかわり ありませんか(별고 없으세요)라고 안부를 물으면, 대답하는 '나'는 はい、かわり ありません(네, 별일 없어요)이라고 대답한다.

이런 경우는 お元気ですか라고 안부 인사를 묻고, 대답하는 '나'는 はい、げんきです라고 하는 것도 같은 이치이다.

회화_2

吉田_ こんにちは。
안녕하세요.

金アミ_ こんにちは。相変わらずですね。
안녕하세요. 여전하시군요.

吉田_ どうも。金さんは いかがですか。
고마워요. 김아미 씨는 어떠세요?

金アミ_ 私も おかげさまで 元気に やって います。
저도 덕분에 건강히 지내고 있어요.

お仕事の方は うまく いって いますか。
일(사업)은 잘 됩니까?

吉田_ まあ、なんとか やって います。
뭐 그럭저럭 해나갑니다.

새단어

- 相変(あいか)わらず 여전히, 변함없이
- うまい 훌륭하다, 솜씨가 좋다 *맛있다(=おいしい)
- 何(なん)とか 그럭저럭, 어떻게든
- お仕事(しごと) 일, 업무
- うまく いく 잘 되어 가다
- やる 하다 *주다(내가 남에게)

※ **金さんは いかがですか** 김 아미씨는 어떠세요

안부를 물을 때 표현으로 ~さんは どう(いかが)ですか(~씨는 어떠세요)라고 묻는다. 여기서 いかがですか는 どうですか보다 공손한 표현이다.

○お仕事(しごと)は いかが(どう)ですか。(사업(일)은 어떠세요?)

※ **私も おかげさまで 元気に やって います**
　저도 덕분에 건강히 지내고 있어요

안부 인사로 이 밖에도

○お仕事は うまく いって いますか。(일(사업)은 잘 되어 갑니까?)

○うまく いって います。(잘 해나가고 있습니다.)

○悪(わる)くは ありません。(나쁘진 않습니다.)

○あいかわらずです。(여전합니다.)

○まったく だめです。(전혀 안됩니다.)

등의 표현도 적절히 표현하면 유연한 안부 인사를 나눌 수 있다.

3 오랜만에 만났을 때 인사

회화_1

吉田_ おひさしぶりですね。
よしだ
오랜만이군요.

金アミ_ しばらくでした。おかわり ありませんか。
오랜만입니다. 별고 없으세요?

吉田_ ええ、おかげさまで。金さんは いかがですか。
よしだ
네, 덕분에요. 김아미 씨는 어떠세요?

金アミ_ わたしも あいかわらず 元気です。
げんき
저도 여전히 잘 지냅니다.
ご家族のみなさんは お元気ですか。
かぞく　　　　　　　げんき
가족 여러분은 잘 지내십니까?

吉田_ ええ、みんな 元気に やって いるようです。
よしだ　　　　　　げんき
네, 모두 잘 지내는 것 같아요.

金アミ_ それは 何よりですね。
なに
그것 무엇보다 다행입니다.

새단어

- 家族(かぞく) 가족
- ご家族 남의 가족(경어)
- 皆(みな)さん 여러분
- ～ようだ ～인 듯하다, ～인 것 같다
- 何(なに)より 무엇보다 좋음, 가장 좋음

※ **おひさしぶりですね 오랜만이군요**

おひさしぶりです(오랜만입니다)보다 친근감을 준다.

그러나 아직 친숙하지 않거나 공식적인 자리라면 조금 딱딱한 느낌이지만, おひさしぶりです라고 표현하는 것이 공손한 느낌을 준다.

※ **ご家族(かぞく)のみなさんは お元気(げんき)ですか**
가족 여러분은 잘 지내십니까

가족의 안부를 묻는 표현이다. 구체적으로 표현하고자 할 때는 妹(いもうと)さんは おげんきですか(여동생은 잘 지내십니까) ご両親(りょうしん)は お元気ですか(부모님은 잘 지내십니까) 등과 같이 표현하면 된다.

회화_2

<ruby>吉田<rt>よしだ</rt></ruby>_ 金さん、ごぶさたして おりました。
김아미 씨, 오랫동안 연락드리지 못했습니다.

金アミ_ <ruby>吉田<rt>よしだ</rt></ruby>さん、おひさしぶりです。
요시다 씨, 오랜만입니다.

いかが おすごしですか。
어떻게 지내십니까?

<ruby>吉田<rt>よしだ</rt></ruby>_ まあまあです。
그저 그렇습니다.

いつ いらっしゃいましたか。
언제 오셨습니까?

金アミ_ <ruby>昨日<rt>きのう</rt></ruby> つきました。
어제 도착했습니다.

새단어

- いかが 어떻게 (どう의 공손한 표현)
- いつ 언제
- 昨日(きのう) 어제
- 過(す)ごす (시간을) 보내다
- いらっしゃる 가시다, 계시다, 오시다(경어)
- 着(つ)く 도착하다

❋ 오랜만의 안부 인사

お久(ひさ)しぶりです(ね)，しばらくでした(ね)，しばらくです(ね)(오랜만입니다.)가 있다. 그러나 ご無沙汰(ぶさた)して おりました는 '격조했습니다, 오랫동안 연락 드리지 못했습니다' 라는 의미로 상당히 시간이 지난 후에 만나서 인사하는 표현이다.

다른 표현으로 ご無沙汰して すみません(오랫동안 연락 드리지 못해 미안합니다.) 좀더 정중한 표현으로 ご無沙汰して もうしわけありません(오랫동안 연락 드리지 못해 죄송합니다) 등이 있고, 친근한 사이라면 ごぶさたして どうも(오랫동안 연락 못해 미안해요)라고 하기도 한다.

❋ いかが お過(す)ごしですか　어떻게 지내십니까

안부 표현이며, いかが お過ごしでしたか(어떻게 지내셨습니까)라고 하기도 한다. 이에 대한 대답으로는 まあ、なんとか(やって います)(그럭저럭 지내고 있습니다), まあまあです(그저 그렇습니다)라고 하며, 무난히 지내고 있다는 대답을 듣고, それは なによりです(그거 무엇보다 다행입니다)라고 대답할 수 있다.

4 첫 대면 인사

● 회화_1

吉田_ はじめまして。吉田です。
　　　처음 뵙겠습니다. 요시다입니다.

金アミ_ はじめまして。お会いできて うれしいです。
　　　처음 뵙겠습니다. 만나 뵙게 되어 반갑습니다.

　　　金アミと もうします。
　　　김 아미라고 합니다.

　　　どうぞ よろしく。
　　　잘 부탁드립니다.

田中_ こちらこそ どうぞ よろしく。
　　　저야말로 잘 부탁드립니다.

金アミ_ お話は きいて おりました。
　　　말씀은 많이 들었습니다.

새단어

- はじめまして 처음 뵙겠습니다
- お会(あ)いできる 만날 수 있다 (あう의 공손 가능 표현)
- うれしい 기쁘다
- ~です ~입니다
- どうぞ 부디, 청컨대
- ~と 申(もう)す ~라고 합니다

- こちらこそ 저야말로
- おる 있다 (いる의 겸양 표현)
- お話(はなし) 말씀
- 聞(き)く 듣다
- 会(あ)う 만나다

✺ はじめまして 처음 뵙겠습니다
첫 대면 인사이다. 공식적인 자리나 좀더 격식을 갖출 때는 'はじめて お目(め)にかかります(처음 뵙겠습니다)'라고 한다.

✺ 吉田(よしだ)です 요시다입니다
이름을 소개할 때 한국인의 경우는 성과 이름을 다 말하는 것이 바람직하며, 일본인의 경우는 일반적으로 성만을 소개하기도 한다. 친해지면 이름을 불러도 된다.
金アミです(김아미입니다) 또는 金アミと もうします(김아미라고 합니다)라고 소개할 수 있다.
격식을 갖춰야 할 자리라면 金アミと もうします라고 하는 것이 바람직하다.

✺ どうぞ よろしく 잘 부탁합니다
동년배끼리나 손아랫사람에게는 どうぞ よろしく라고만 해도 되지만 윗사람에게나 공손하게 표현해야 할 때는 どうぞ よろしく おねがいいたします나 どうぞ よろしく おねがいします라고 하자.
どうぞ よろしく おねがいいたします(잘 부탁드립니다)는 どうぞ よろしく おねがいします(잘 부탁합니다)보다 겸양 표현이며, よろしく おねがいします(잘 부탁합니다)라고 하기도 한다.

✱ **お話(はなし)は きいて おりました 말씀은 들었습니다**

吉田(よしだ)さんから 金さんのことは 聞(き)いて おりました(요시다 씨에게 김아미 씨에 대해서는 들었습니다)라고 말하기도 하며, 더욱 공손하게 말할 때는 おうわさは かねがね うかがって おりました(말씀(소문)은 이전부터 많이 들었습니다)라고 공손히 말하기도 한다.

✱일본에서 가장 많이 들을 수 있는 표현

ありがとうございます(감사합니다)、すみません(죄송합니다)、どうも(대단히 감사합니다, 대단히 죄송합니다 – どうも 다음은 생략된 표현)와 함께 どうぞ를 많이 들을 수 있다. 이런 말들은 상황에 맞게 적절하게 표현하면 일본어를 잘 한다는 말을 들을 수 있을 만큼 많이 쓰인다.

✱명함 주고받기

일본인은 명함을 즐겨 사용하며, 첫 대면 인사 때 서로 주고받는다. 명함은 그 사람의 '얼굴'이므로 소중하게 다루는 것이 예의이다. 명함을 교환할 때는 손아랫사람이 먼저 건네는 것이 예의이며, 회사, 소속, 이름 등을 정확히 밝히면서 이름이 상대방 쪽으로 향하도록 두 손으로 건네며, 받을 때도 두 손으로 받는다. 상대방의 이름이 어려워서 읽지 못할 경우 그 자리에서 失礼(しつれい)ですが、お名前(なまえ)は 何と お読(よ)みすれば よろしいでしょうか。(실례지만, 성함은 뭐라고 읽으면 됩니까?)라고 물어 확인해도 실례가 되지 않는다. 단, 그 사람 앞에서 명함에 메모를 한다거나 더럽히는 것은 매우 실례가 되므로 주의하자. 받은 명함은 그 자리에서 확인한 다음 바로 넣지 않고 테이블 위에 두고서 이야기를 한다면 상대방을 잘못 부르는 실례를 범하는 일은 없을 것이다. 명함은 명함 케이스나 명함 지갑에 넣어서 가지고 다니면 상대방에게 좋은 이미지를 줄 수 있을 것이다.

회화_2

吉田_ はじめまして。吉田と 申します。
처음 뵙겠습니다. 요시다라고 합니다.

金アミ_ はじめまして。金アミです。
처음 뵙겠습니다. 김아미입니다.

どうぞ よろしく おねがいいたします。
잘 부탁드립니다.

吉田_ こちらこそ どうぞ よろしく おねがいいたします。
저야말로 잘 부탁드립니다.

金アミ_ これ、どうぞ(名刺です)。
이거 받으세요 (명함입니다).

吉田_ どうも。
감사합니다.

おうわさは かねがね うかがって おりました。
말씀은 전부터 많이 들었습니다.

営業を 担当なさって いらっしゃるんですね。
영업을 담당하고 계시는군요.

새단어

- 名刺(めいし) 명함
- かねがね 미리, 전부터
- おる 있다 (いる의 겸양어)
- 営業(えいぎょう) 영업
- うかがう 듣다 (聞(き)く의 겸양어)
- 担当なさる 담당하시다(担当(たんとう)する의 존경어)
- なさる 하시다(する의 존경어)
- うわさ 남의 이야기를 함, 소문

○ うわさをすれば影(かげ)が差(さ)す。 호랑이도 제 말하면 온다 = うわさを すれば 影(かげ)。

✻ こちらこそ 저야말로

인사를 받는 쪽에서 답례인사를 할 때 하는 표현이므로 장면을 잘 파악하여 활용하도록 하자.

A : いろいろと お世話(せわ)に なりました。 여러 가지로 신세를 졌습니다.
B : いいえ、こちらこそ いろいろ お世話(せわ)に なって おります。
　　아뇨, 저야말로 여러 가지 신세를 지고 있습니다.

✻ どうぞ

영어의 please와 같은 뜻으로 상대방에게 허락하거나 권하는 완곡하고 깍듯한 말로 '어서, 사양 마시고'의 의미가 있다. どうぞ、おさきに(어서 먼저 가십시오 / 하십시오)
또 하나는 부탁, 희망의 뜻을 나타내는 말로 '부디, 제발, 아무쪼록' どうぞ、よろしく(잘 부탁합니다)와 같이 뒷말은 생략되는 경우가 많으며 상황에 따라 '앉으세요, 들어오세요, 나오세요, 받으세요, 드세요' 등을 'どうぞ' 한마디로 대신할 수 있다.

뭔가를 권할 때 뒷말을 생략한 채로 'どうぞ'라고 말하면 'どうも(감사합니다)'라고 응대하면 된다.

✽ **응용 표현**

○ お会(あ)いできて うれしいです。(만나 뵙게 되어 반갑습니다.)

○ お会いできて 光栄(こうえい)です。(만나 뵙게 되어 영광입니다.)

○ ～さんのことは かねがね うかがって おります。

 (～씨에 대해서는 예전부터 많이 들었습니다.)

5 소개할 때 인사

● 회화_1

<ruby>吉田<rt>よしだ</rt></ruby>_ <ruby>金<rt></rt></ruby>さん、<ruby>友達<rt>ともだち</rt></ruby>を <ruby>紹介<rt>しょうかい</rt></ruby>します。
김아미 씨, 친구를 소개하겠습니다.

こちらは <ruby>鈴木<rt>すずき</rt></ruby>さんです。
이분은 스즈키 씨입니다.

<ruby>鈴木<rt>すずき</rt></ruby>_ はじめまして。鈴木と <ruby>申<rt>もう</rt></ruby>します。
처음 뵙겠습니다. 스즈키라고 합니다.

金アミ_ はじめまして。金アミです。
처음 뵙겠습니다. 김아미입니다.

おあいできて うれしいです。
뵙게 되어 반갑습니다.

どうぞ、よろしく お<ruby>願<rt>ねが</rt></ruby>い<ruby>致<rt>いた</rt></ruby>します。
잘 부탁드립니다.

鈴木_ こちらこそ よろしく お<ruby>願<rt>ねが</rt></ruby>い<ruby>致<rt>いた</rt></ruby>します。
저야말로 잘 부탁드립니다.

金アミ_ 吉田さんから 鈴木さんのことは
요시다 씨로부터 스즈키 씨에 대해서는

　　　 よく うかがって おりました。
　　　 많이 들었습니다.

鈴木_ そうですか。
　　　 그러세요.

📖 새단어

- 友達(ともだち) 친구
- 紹介(しょうかい) 소개
- 嬉(うれ)しい 기쁘다
- よろしく 잘
- ～から ～로부터, ～에서
- ～のことは ～에 대해서, ～관해서
- お願(ねが)い致(いた)します 잘 부탁드립니다(お願いします보다 더욱 겸양 표현)

※ **紹介(しょうかい)します** 소개하겠습니다

더욱 공손하게 표현하고 싶을 땐 ご紹介します(소개드리겠습니다)라고 한다.

1. 인사 -1_31

✱ **こちらは 鈴木(すずき)さんです** 이 분은 스즈키 씨입니다

こちらは 소개할 때는 '이 분'이란 뜻으로 쓰인다. 또 자기 자신을 가리키는 공손한 표현으로도 쓰인다.

✱ **お会(あ)いできて うれしいです** 만나 뵙게 되어 반갑습니다

会う(만나다)의 겸양 표현은 お会いする(만나 뵙다)이고, お会いする의 가능 표현은 お会いできる이다.

○ お会いできて 光栄(こうえい)です。(만나 뵙게 되어 영광입니다.)

회화_2

鈴木_ ヨウさん、こんにちは。
요우 씨, 안녕하세요.

　　　こちらは 友だちの ジョンさんです。
이 분은 친구인 존 씨입니다.

ジョン_ はじめまして。ジョンと 申します。どうぞ よろしく。
처음 뵙겠습니다. 존이라고 합니다. 잘 부탁합니다.

ヨウ_ ヨウです。お会いできて 光栄です。
요우입니다. 뵙게 되어 영광입니다.

ジョン_ こちらこそ。
저야말로.(뵙게 되어 영광입니다.)

　　　失礼ですが、ヨウさんは 学生さんですか。
실례지만, 요우 씨는 학생이세요?

ヨウ_ ええ、今 大学で 日本語を 勉強して います。
네, 지금 대학에서 일본어를 공부하고 있습니다.

새단어

- 友達(ともだち) 친구
- 失礼(しつれい) 실례
- どうも 대단히, 매우
- 今(いま) 지금
- 大学(だいがく) 대학교
- 日本語 일본어
- ええ 예, 네(はい보다 편안한 표현)
- ~で ~에서(행위가 이뤄지는 장소)
- 勉強(べんきょう)する 공부하다

✻ こちらこそ 저야말로(뵙게 되어 영광입니다)

앞의 말을 받아 답례를 하는 인사로 お会(あ)いできて 光栄(こうえい)です가 생략된 표현이다.

✻ 失礼(しつれい)ですが、ヨウさんは 学生(がくせい)さんですか
실례지만, 요우 씨는 학생이세요

질문을 하고자 할 때는 失礼ですが라고 말한 다음 질문을 한다면 더욱 공손한 느낌을 전할 수 있다. 또 여기서 学生ですか보다 직접 본인에게 질문할 때 学生さんですか라고 하면 상대방을 예우하는 느낌이 든다.

✻ 日本語(にほんご)を 勉強(べんきょう)して います
일본어를 공부하고 있습니다

*~て いる ~하고 있다(진행), ~해 있다(상태)를 나타내는데, 여기서는 진행이다.
○テレビを 見(み)て います。(TV를 보고 있습니다.) – 진행
○あそこに 象(ぞう)が 立(た)って います。(저기에 코끼리가 서 있습니다.) – 상태

✻ 응용 표현

○ 友達(ともだち)の 山田(やまだ)さんを ご紹介(しょうかい)します。
　(친구인 야마다 씨를 소개하겠습니다.)

○ 山田さんの お国(くに)は どちら(どこ)ですか。
　(야마다 씨의 모국은 어디입니까?)

○ 韓国(かんこく)(アメリカ、日本(にほん)、中国(ちゅうごく)、フランス)です。
　{한국(미국, 일본, 중국, 프랑스)입니다.}

○ 吉田(よしだ)さんは お医者(いしゃ)さん{学生(がくせい)さん、会社員(かいしゃいん)}ですか。
　{요시다 씨는 의사 선생님(학생, 회사원)입니까?}

○ はい、そうです。(네, 그렇습니다.)

○ いいえ、違(ちが)います。(아뇨, 아닙니다.)

✻ 일본의 학교

일본은 우리와 마찬가지로 초등학교 6년·중학교 3년·고등학교 3년·단기대학(단대) 2년·전문학교 2~5년·대학 4년 그리고 대학원 과정이 있으며, 의무교육은 중학교까지이다.

2

인사(2)

⋮

6. 헤어질 때 인사

7. 외출·귀가할 때 인사

8. 사과할 때

9. 감사할 때

10. 축하할 때

6 헤어질 때 인사

회화_1

しゃいん ぶちょう　さき　しつれい
社員_ 部長、お先に 失礼します。
부장님, 먼저 실례하겠습니다(가겠습니다).

ぶちょう　　くろう
部長_ ご苦労さま。
수고했어(요).

★ **お先(さき)に 失礼(しつれい)します** 먼저 실례하겠습니다

먼저 자리를 뜨게 될 때, 헤어질 때 인사이며, 그에 대한 윗사람이나 상사의 답례로는 '수고했어요' 라는 의미로 ご苦労(くろう)さま(でした) 또는 ご苦労さん(さま)(손윗사람이 손아랫사람에게) 이라고 한다. 아랫사람이 윗사람에게는 お疲(つか)れさま(でした) (수고하셨습니다) 라고 인사한다.

会話_2

<ruby>吉田<rt>よしだ</rt></ruby>_ いろいろ お<ruby>世話<rt>せわ</rt></ruby>に なりました。ありがとうございます。
　　　여러 가지로 신세를 졌습니다. 감사합니다.

<ruby>田中<rt>たなか</rt></ruby>_ いいえ、どういたしまして。
　　　아네요, 천만에요.

<ruby>吉田<rt>よしだ</rt></ruby>_ じゃ、これで <ruby>失礼<rt>しつれい</rt></ruby>します。さようなら。
　　　그럼, 이만 실례하겠습니다. 안녕히 계세요.

<ruby>田中<rt>たなか</rt></ruby>_ それじゃ、お<ruby>気<rt>き</rt></ruby>を つけて。
　　　그럼, 조심해서 가세요.

새단어

- いろいろ 여러 가지
- お世話(せわ) 신세, 돌봄
- ありがたい 감사하다
- はい 네
- いいえ 아니오
- どういたしまして 천만에요
- これで 이것으로
- 失礼(しつれい)する 실례하다
- ~て ください ~해 주세요
- じゃ 그럼 (それでは、では의 회화체)
- 気(き)を つける 주의하다, 몸조심하다
- お世話になる 신세를 지다
- ありがとうございます 감사합니다
- さようなら 안녕히 계세요(가세요) (헤어질 때 인사)

☀ いろいろ(と) お世話(せわ)に なりました 여러 가지로 신세를 졌습니다

신세를 졌을 때 하는 인사 표현이다. 여기에 고맙다는 인사를 하면 의례적으로 いいえ、どういたしまして라고 답례한다.
A：ありがとうございます。(감사합니다.)
B：いいえ、どういたしまして。(아네요, 천만에요.)

☀ これで 失礼(しつれい)します 이만 실례하겠습니다

失礼します(실례하겠습니다)보다 더욱 정중한 표현은 失礼いたします이다. 여기서 홈스테이를 하고 인사를 한다거나 신세를 진 다음에 인사할 때는 의례적으로 'いろいろ お世話に なりました(여러 가지로 신세를 졌습니다)'라고 인사를 한다.

＊さよ(う)なら 안녕히 가세요, 안녕히 계세요

가장 대표할 수 있는 헤어질 때 인사이지만 성인은 그리 많이 쓰지는 않는다. 아주 결별을 선언할 때나 오랜 기간 헤어지는 상황에서 さよ(う)なら를 쓰기는 하지만 잠깐 동안의 이별이나 수일 내에 다시 만나는 경우에는 さよ(う)なら라는 표현은 어색하다. 그러나 수업을 마치고 헤어질 때 선생님과 학생 사이에서는 쓰기도 한다.

대신 친근한 사이에서는 뒷말은 생략된 채로 굳어진 인사 표현으로 'では、また(그럼, 또 만나요) / じゃあね(그럼 이만) / それじゃ(그럼 이만) / またね(또 만나요) / また あした(내일 또 만나요)' 등을 많이 쓴다. 여성들 사이에서는 じゃあね도 흔히 많이 쓰며, 학생과 젊은이들 사이에서는 バイバイ(bye-bye)도 흔히 들을 수 있는 헤어질 때 인사이다.

정중한 자리에서는 これで 失礼(しつれい)します(이만 실례하겠습니다) / それでは 失礼(し

つれい)します(그럼 실례하겠습니다) = では(じゃ)、失礼(しつれい)します / お先(さき)に 失礼(しつれい)いたします(먼저 실례하겠습니다) 등을 쓰는 것이 바람직하다.

한편, おやすみなさい(안녕히 주무세요 / 안녕히 가세요 / 안녕히 계세요)는 자기 전 인사이기도 하지만 밤늦게 헤어질 때도 서로 인사할 수 있다. 손윗사람이 손아랫사람에게나 친숙한 관계에서는 おやすみ(잘 자거라 / 안녕(잘 가) / 안녕(잘 있어)라고 한다.

그 외에 헤어질 때 하는 인사말로 많이 쓰이는 おつかれさま(でした)(수고하셨습니다)는 손윗사람에게 쓸 수 있는 표현이며, ごくろうさま(でした)는 같은 의미로 쓰이나 윗사람에게는 쓰지 않고 손윗사람이 손아랫사람에게, 가까운 사이에서 수고했다는 뜻을 전할 때 쓰는 표현이다.

* 그 밖의 표현
○ また 会(あ)いましょう。(또 만납시다.)
○ また お会(あ)いします。(또 뵙겠습니다.)
○ そろそろ おいとまします。(슬슬 가봐야겠습니다.)
○ お会(あ)いできて うれしかったです。(만나서 반가웠습니다.)
○ じゃ、お元気(げんき)で。(그럼, 안녕히 계세요, 건강하세요.)
○ お気(き)を つけて。(조심해서 가세요) 気(き)をつけて。(조심해서 가.)
○ また 遊(あそ)びに きて ください。(또 놀러오세요.)
○ また 遊(あそ)びに きて(ね)。{또 놀러와.(요)}
○ また 来(き)て ください。(또 오세요)。 また きて(ね)。{또 와.(요.)}
○ じゃ、メールします(メール おくります)。(그럼, 메일 보내겠습니다.)
○ メール 楽(たの)しみに して います。(메일 기다리겠습니다.)

7 외출・귀가할 때 인사

회화_1

むすめ_ おかあさん、いって きます。
엄마, 다녀올게요.

母_ いってらっしゃい。
잘 다녀오렴.

회화_2

出張に行く 社員_ いって きます。
다녀오겠습니다.

チーム員_ お気を つけて、いって いらっしゃい。
조심해서 다녀오세요.

 새단어

- 行く 가다
- 来る 오다
- むすめ 딸
- いらっしゃる 가시다, 오시다, 계시다(行く、来る、いる의 존경어) いらっしゃい 오세요(いらっしゃる의 명령형)
- 出張(しゅっちょう)に行(い)く 출장가다

✱ 行(い)って きます　다녀오겠습니다

行って きます보다 더욱 공손한 표현은 行って まいります이며, 친한 관계에서는 行って くる(다녀올게, 다녀오겠소)라고도 한다. 이에 대한 대답으로는 行って いらっしゃい(잘 다녀오세요, 잘 다녀오렴), お気をつけて いってらっしゃい(조심해서 다녀오세요)이며, 行って いらっしゃい의 생략형으로 いってらっしゃい라고도 흔히 한다.

＊출장을 갈 때도 회사에 있는 직원들에게 'いって きます'라고 인사하면 직원들은 'いってらっしゃい(다녀오세요)' 또는 '(お)気を つけて、行ってらっしゃい(조심해서 다녀오세요)'라고 인사를 한다.

● 회화_3

おっと
夫＿　ただいま。
　　　다녀왔소.

かない
家内＿　おかえりなさい。
　　　다녀오셨어요.

✱ ただいま　다녀왔습니다, 다녀왔소

외출에서 돌아와 하는 인사이며, 돌아오는 사람을 맞이하는 인사는
○おかえりなさい。(잘 다녀오셨어요. 다녀오셨어요.)
○おかえり。(잘 갔다 왔니?)

8 사과할 때

회화_1

山田＿ 遅く なって どうも すみません。
늦어서 죄송합니다.

鈴木＿ いいえ、大丈夫です。
아니오, 괜찮아요.

わたしも ついたばかりです。
저도 금방 왔습니다.

山田＿ 急いで 来たんですけど……。
서둘러 왔는데…….

鈴木＿ あまり 気にしないで ください。
너무 신경 쓰지 마세요.

새단어

- 遅(おそ)い 늦다, 느리다
- 遅く なる 늦어지다
- 着(つ)く 도착하다
- 急(いそ)ぐ 서두르다
- 気(き)にする 신경 쓰다
- あまり ～ない 그다지 ～하지 않다
- 大丈夫(だいじょうぶ)だ 괜찮다, 상관없다
- ～ないで ください ～하지 말아주세요, ～하지 마세요

※ **遅(おそ)く なって どうも すみません   늦어서 죄송합니다**

약속에 늦었을 때 하는 인사로, 遅くれて どうも すみません(늦어서 죄송합니다)이라고도 한다. 또 お待(ま)たせしました。どうも すみません(오래 기다리셨습니다. 죄송합니다)라고 하거나 おまたせして どうも すみません(기다리게 해서 죄송합니다)라고도 한다.

　*형용사 く なる ～하게 되다, ～해지다

　○暑(あつ)く なりましたね。(더워졌군요.)

　○暖(あたた)かく なって いいですね。(따뜻해져서 좋네요.)

　*な형용사 に なる ～하게 되다, ～해지다

　○親切(しんせつ)に なりました。(친절해졌습니다.)

　*동사 ように なる ～하게 되다

　○早(はや)く 起(お)きるように なりました。(일찍 일어나게 되었습니다.)

　○食(た)べられるように なりました。(먹을 수 있게 되었습니다.)

　*명사 に なる ～이(가) 되다

　○うちの子(こ)は 大学生(だいがくせい)に なりました。
　　(우리 애는 대학생이 되었습니다.)

※ **着(つ)いたばかりです   도착한 지 얼마 되지 않았습니다**

　*～た(과거형)ばかり ～한 지 얼마 되지 않았다, 막 ～했을 뿐이다

　○読(よ)んだばかりですから だいたいの内容(ないよう)は 覚(おぼ)えて います。
　　(읽은 지 얼마 되지 않았으므로 대강 내용은 기억하고 있어요.)

※ **あまり 気(き)にしないで ください   너무 신경 쓰지 마세요**

気にしないで ください(신경쓰지 마세요)보다 공손한 표현은 お気になさらないで

くださいイ다.

*～ないで ください(～하지 말아 주세요, ～하지 마세요)

○大(おお)きな 声(こえ)で 話(はな)さないで ください。(큰소리로 얘기하지 말아 주세요.)

○テレビは 見(み)すぎないで ください。(TV는 너무 보지 마세요.)

*～て ください(～해 주세요, ～하세요)

○できるだけ 本(ほん)は たくさん 読(よ)んで ください。

　(될 수 있으면 책은 많이 읽으세요.)

● 회화_2

金アミ_ あのう、ここは 私(わたくし)の 席(せき)ですけど。
　　　　저, 여기는 제 자리인데요.

山田(やまだ)_ えっ、
　　　　예?

　　　　窓側(まどがわ)の 8番席(はちばんせき)は ここじゃ ないですか。
　　　　창쪽 8번 자리는 여기가 아닙니까?

金アミ_ いいえ、窓側(まどがわ)の 8番席(はちばんせき)は
　　　　아뇨, 창쪽 8번 자리는

　　　　前(まえ)の 席(せき)なんですけど。
　　　　앞자리인데요.

山田_ あ、ごめんなさい。どうぞ。
　　　아, 미안해요. 앉으세요.

金アミ_ すみません。
　　　죄송합니다.

山田_ いいえ、こちらこそ。
　　　아뇨, 저야말로 미안합니다.

 새단어

- 席(せき) 자리
- ~ようだ ~인 것 같다
- 窓側(まどがわ) 창쪽
- ~番(ばん) ~번
- 前(まえ) 앞

✽ **窓側(まどがわ)の8番席(はちばんせき)はここじゃ ないですか**
　창쪽 8번 자리는 여기가 아닙니까

좌석을 확인하는 표현으로,
- ~じゃ ないですか。(~이(가) 아닙니까? ~이(가) 아니에요?)
- ここじゃ ないですか。(여기가 아닙니까?)
- うちの会社(かいしゃ)じゃ ないですか。(우리 회사가 아닌가요?)

❋ ごめんなさい　미안해요

친한 사이에는 ごめん(ね)(미안, 미안해)라고 하기도 하며, すみません보다 정중도가 덜한 표현이다. 이보다 편안한 표현은 悪(わる)いですね、わるい(미안해요, 미안)가 있다.

❋ いいえ、こちらこそ　아뇨, 저야말로

뒤에 すみません이 생략된 표현으로 앞 말을 받아 자신도 그렇다고 할 때 쓴다.

❋ 위치 표현

前(まえ) 앞, 後(うし)ろ 뒤, 上(うえ) 위, 下(した) 아래, 中(なか) 가운데, 左(の方) 왼쪽, 右(の方) 오른쪽, 左側(ひだりがわ) 좌측, 右側(みぎがわ) 우측, 間(あいだ) 사이, 隣(となり) 이웃, そば 곁, 근처, 横(よこ) 옆, 곁, 近(ちか)く 근처, 窓側(まどがわ) 창쪽, 通路側(つうろがわ) 통로 쪽

＊すみません

* 사과할 때 가장 일반적인 표현이며, 스이마셍이라고도 한다. 이 외에도
○ どうも すみません。(대단히 미안합니다.)
○ どうも。(대단히 미안합니다, 감사합니다.)
○ ほんとうに すみません。(정말로 미안합니다.)
○ ごめんなさい。(미안합니다.)

* ごめんなさい는 すみません보다는 좀 가볍게 사과할 때 쓰는 표현이며, 격의 없는 사이나 친한 사이에서는 ごめん(ね)(미안, 미안해)라고 한다. 남자들은 사과할 때 주로 すみません이나 失礼(실

례), 失礼(しつれい)しました(실례했습니다)를 쓰고, 여성들은 ごめんなさい를 쓰는 경우가 많다.

* おそれいりますが(죄송합니다만)는 남에게 뭔가를 의뢰, 부탁할 때 미안한 마음을 표현하며, もうしわけありません(죄송합니다, 뭐라 드릴 말씀이 없습니다, 면목이 없습니다)은 정중하게 사과할 때 쓰며 더욱 공손한 표현으로 もうしわけございません이 있다. 그 밖에

○ お話中(はなしちゅう)、すみません。(말씀중에 죄송합니다.)
○ ご迷惑(めいわく)をおかけしまして もうしわけありません。(폐를 끼쳐서 죄송합니다.)
○ おわびします。(사과드리겠습니다.)
○ 私(わたし)が 悪(わる)かったです。(제가 나빴습니다.)
○ こんな ことに なって すみません。(일이 이렇게 되어 죄송합니다.)

* 사과 표현에서 悪いですね、ごめんなさい、すみません、申(もう)し訳(わけ)ありません、申し訳ございません 순으로 정중도가 높다.

* すみません에 대한 응답으로는

○ 大丈夫(だいじょうぶ)です。(괜찮습니다) / 大丈夫(よ)。(괜찮아)
○ いいんですよ。(괜찮아요, 됐어요) / いい(よ)(괜찮아, 됐어)
○ 何(なん)でも ありません(ないです)。(아무것도 아닙니다) / 何でもない。(아무것도 아냐)
○ 気(き)にしないでください。(신경 쓰지 마세요) / 気にしないで。(신경 쓰지 마)
○ 大(たい)したことじゃありません。(별것 아닙니다) / 大したことじゃない(よ)。(별것 아냐)
○ こちらこそ(どうも)。{저야말로 (죄송합니다)}

* すみません(실례합니다)의 또 다른 의미는 길가는 행인을 불러 세워 용건을 말할 때, 누군가에게 용건이 있음을 알릴 때에도 쓰며, 감사의 마음을 전할 때에도 すみません이라고 한다.

A : あのう、すみません。大学路に 行(い)きたいんですが、どう 行けば いいんですか。
　　저, 실례합니다. 대학로에 가고 싶은데요, 어떻게 가면 됩니까?
B : 大学路ですか。地下鉄(ちかてつ), 4号線(よんごうせん)に 乗(の)って ください。
　　대학로요? 지하철 4호선을 타세요.

A : 国(くに)からの お土産(みやげ)です。どうぞ。
　　모국(고향)에서 가져온 선물(토산품)이에요. 받으세요.
B : どうも すみません。대단히 감사합니다.

9 감사할 때

● 회화_1

田中	すみません。お手洗いは どこですか。 실례합니다. 화장실은 어디입니까?
デパートの人	あの 靴売り場の横です。 저기 구두 매장 옆입니다.
田中	どうも。 고마워요.

 새단어

- この 이
- どの 어느
- 横(よこ) 옆
- あそこ 저기
- そちら 그쪽
- その 그
- 靴売(くつう)り場(ば) 구두 매장
- ここ 여기
- どこ 어디
- あちら 저쪽
- あの 저
- 売場(うりば) 매장
- そこ 거기
- こちら 이쪽
- どちら 어느 쪽

✱ **すみません** 실례합니다

매장에서 사람을 부를 때나, 지나가는 행인에게 용건이 있을 때 등에서는 '실례합니다'의 의미로 쓰이며, 장면에 따라서 '미안합니다, 고맙습니다, 실례합니다'의 의미로 쓰임을 알 수 있다.

✼ **お手洗(てあら)いは どこですか   화장실은 어디입니까**

お手洗いは トイレ(toilet)라고도 하며, ～は どこ(どちら)ですか는 장소를 물을 때 쓰는 표현이다. 銀行(ぎんこう)は どこですか。(은행은 어디입니까?), 郵便局(ゆうびんきょく)は どちらですか。(우체국은 어느 쪽(어디) 입니까?)

● 회화_2

金アミ_ つまらないものですが、これ どうぞ。
　　　　보잘것없는 것이지만, 이것 받으세요.

　　やまだ
山田_ あっ、すいません。なんでしょうか。
　　　아, 고맙습니다. 뭐예요?

　　　　かんこく　でんとうてき
金アミ_ 韓国の 伝統的な うちわです。
　　　　한국의 전통적인 부채입니다.

テーグクソン(太極扇)と いいます。
태극선이라고 합니다.

　　やまだ　かんこくてき
山田_ 韓国的で、きれいですね。
　　　한국적이고, 예쁘네요.

ありがとうございます。
감사합니다.

金アミ_ いいえ、どういたしまして。
　　　　아니오, 천만에요.

새단어

- つまらない 보잘것없다, 시시하다
- うちわ 부채
- 綺麗(きれい)だ 예쁘다, 깨끗하다
- 伝統的な(でんとうてき) 전통적인
- 韓国的(かんこくてき)で 한국적이고

✼ **つまらないものですが**　보잘것없는 것입니다만

뭔가를 누군가에게 줄 때 하는 상투적인 인사로 다른 표현으로는 たいしたものじゃありませんが(대단한 것은 아닙니다만)이나 お粗末(そまつ)ですが(변변찮습니다만) 등이라고 바꿔 말할 수 있다.

✼ **どうぞ**　받으세요

うけとってください(받으세요)가 생략된 표현으로 뭔가를 상대방에게 줄 때 '받으세요'란 의미이다. 대개 이런 경우 뒷말은 생략하고 'どうぞ'만으로도 자연스럽다.

これ、どうぞ에 대한 すいません은 사과에 대한 표현이 아니라 '고맙습니다'라는 의미이다. 이와 같이 'すみません'은 '고맙습니다'라는 의미로 쓰이기도 하는데, 이런 경우 미안한 마음이 들면서도 고마운 마음이 들었을 때에 쓴다. 물론 이 경우 'ありがとうございます' 혹은 'どうも'라고 해도 된다.

❋ **なんでしょうか**　**무엇일까요, 무엇입니까**

何ですか(무엇입니까?) 보다 정중한 느낌을 준다. ～でしょうか(～일까요?)

❋ **どういたしまして**　**천만에요**

ありがとう(ございます), どうも와 같은 감사의 말에 대한 답례인사의 표현이며, 같은 장면에서 いいえ、いいえ를 반복함으로써 겸손한 마음을 전하기도 한다.

● 회화_3

金アミ_ 先日は いろいろと お世話に なりました。
　　　　일전엔 여러 가지로 신세를 졌습니다.

山田_ いいえ、どういたしまして。
　　　아니오, 천만에요.

　　　　何のおかまいも できませんで。
　　　　아무런 대접도 못해서요.

金アミ_ 本当に ありがとうございました。
　　　　정말로 감사했습니다.

새단어

- お世話(せわ)に なる 신세를 지다 *世話(せわ)を する 돌보다, 보살피다
- お構(かま)い 접대, 대접
- できる 할 수 있다
- できない 할 수 없다, 못 하다
- 本当(ほんとう)に 정말로

✽ **先日(せんじつ)は いろいろと お世話(せわ)に なりました**
　일전엔 여러 가지로 신세를 졌습니다

　은혜를 입거나 친절, 도움에 감사하는 마음을 전하는 인사이며, 앞으로도 부탁한다는 인사를 할 때는 今後(こんご)とも よろしく おねがいします、これからも よろしく おねがいします(앞으로도 잘 부탁합니다)라고 한다. 현재의 친절・신세에 감사 표현을 할 때는 いろいろと お世話に なって おります(여러 가지로 신세를 지고 있습니다) 등이라고 한다.

✽ **なんのおかまいも できませんで**　**아무런 대접도 못 해서요**
　접대하고 감사 인사를 받았을 때 하는 겸손한 의례적인 인사이다.

＊ありがとうございます 감사합니다

* 다양한 감사 표현
○ ありがとう。 고마워, 감사해.
○ ありがとうございます。 감사합니다. 고맙습니다.
○ どうも。 대단히 고맙습니다(ありがとうございますか 생략된 표현).
○ どうも(本当に)ありがとうございます。 대단히(정말로) 감사합니다.
○ どうも(本当に)ありがとうございました。 대단히(정말로) 감사했습니다.
○ すみません。 고맙습니다.

* 장면에 따라서 다른 표현
○ 先日(せんじつ)は どうも。 지난번은 고마웠습니다.
○ いろいろと お世話(せわ)に なりました。 여러 가지 신세를 졌습니다.
○ こちらこそ ありがとうございます。 저야말로 감사합니다.
○ ご親切(しんせつ)に どうも。 친절하게 해줘서 고마워요.
○ いつも 感謝(かんしゃ)して います(おります)。 늘 감사합니다.(おります는 います보다 정중한 표현)

* 감사 표현에 대한 응답으로 가장 보편화된 표현
○ いいえ、どういたしまして。 아뇨, 천만에요.
○ いいえ、こちらこそ(どうも)。 아뇨, 저야말로(고마워요).
○ いいえ、とんでもありません。 아뇨, 당치도 않습니다.
○ お役(やく)に立(た)てて うれしいです。 도움이 되어 기쁩니다.

회화_4

<すずき>
鈴木_ 日本語が お上手ですね。
　　　일본어를 잘 하시네요.

金アミ_ いいえ、とんでも ありません。まだまだです。
　　　아네요, 당치도 않습니다. 아직 멀었는걸요.

鈴木_ 日本語は 何年ぐらい 習いましたか。
　　　일본어는 몇 년 정도 배웠습니까?

金アミ_ 日本へ 来る 前に 2年ぐらい 習いました。
　　　일본에 오기 전에 2년 정도 배웠습니다.

 새단어

- 上手(じょうず)だ 능숙하다, 잘하다 *下手(へた)だ 못하다, 서툴다
- まだ 아직
- くらい(ぐらい) 정도
- 習(ならう) 배우다
- ～へ ～에, ～로
- 前(まえ) 앞, 전

※ **お上手(じょうず)ですね 잘 하시네요, 능숙하시네요**

칭찬에 능한 일본인들 뭘 조금만 잘 해도 上手(じょうず)ですね라고 곧잘 말하곤 한다. 여기서 上手ですね(잘 하시네요. 능숙하시네요)보다 공손한 표현은 お上手ですね라고 한다. 이에 대해 いえ、まだまだです(아네요, 아직 아직요. 즉 아직 멀었어

요)나 いえ、まだ 下手(へた)です(아뇨, 아직 서툴러요). まだ 上手(じょうず)じゃ あ
りません(아직 잘 못해요). まだ あまり よく できません(아직 그다지 못해요) 또는
ありがとうございます(감사합니다) 등으로 답한다.

✢ **とんでも ありません** 　**당치도 않습니다. 천만에요, 별말씀을요**

　감사, 칭찬을 받았을 때에 대한 응답으로 겸손한 표현이다. 좀 격의 없는 사이에서는 'とんでも ない(당치 않아, 천만에, 별 말씀을)'라고 한다.

10 축하할 때

● 회화_1

すずき たなか
鈴木_ 田中さん。
　　　다나카 씨.

　　　たんじょうび
　　　お誕生日 おめでとうございます。
　　　생신 축하드립니다.

たなか
田中_ ありがとうございます。
　　　고맙습니다.

すずき　　　　　たい
鈴木_ これ、大した ものじゃ ありませんが、どうぞ。
　　　이거, 별 것 아닌데요, 받으세요.

たなか
田中_ すみません。もらっても いいんですか。
　　　고마워요. 받아도 되겠어요?

すずき　　　　き　い
鈴木_ はい、お気に入って いただけたら いいんですが。
　　　네, 마음에 드셨으면 좋겠어요.

たなか　すてき
田中_ 素的ですね。どうも。
　　　멋지네요. 고마워요.

새단어

- 誕生日(たんじょうび) 생일
- お誕生日 생신
- 大(たい)した 대단한, 굉장한
- 気(き)に入(い)る 마음에 들다
- おめでとうございます 축하합니다
- めでたい 축하하다
- もらう 받다
- おめでとう 축하해
- 素的(すてき)だ 매우 멋지다, 훌륭하다

✻ お誕生日(たんじょうび) おめでとうございます　생일 축하드립니다

ハッピーバースデー (happy birthday)라고도 한다. 뭔가를 축하할 때 ご卒業(そつぎょう), {ご昇進(しょうしん), ご出産(しゅっさん), ご結婚(けっこん)....} おめでとう(ございます)라고 한다. おめでとうございます를 좀더 정중하게 표현할 때는 お祝(いわ)い申(もう)し上(あ)げます(축하 말씀드립니다)라고 한다. 이에 대한 대답으로는 ありがとう(ございます)라고 하거나 상황에 맞게 どうも(고맙습니다), おかげさまで(덕택에요)라고 한다.

✻ これ、たいした ものじゃ ありませんが　이거, 별것 아닌데요

흔히 뭔가를 상대방에게 줄 때 하는 표현이며, つまらないものですが、お粗末(そまつ)ですが 라고 하기도 하며, 'ほんの気持(きも)ちですが、どうぞ(마음만 담은 것인데요. 받으세요)라고 하기도 한다.

✻ もらって(も) いいんですか　받아도 되겠어요

허락을 구하는 표현으로 더욱 정중한 표현은 いただいても いいんですかの며, い

いんですか(괜찮겠어요?) 라고만 하기도 한다.

*～ても いいですか(～해도 됩니까)

대답으로 はい、いいですよ(네, 좋아요)나 はい、どうぞ(네, 그러세요)라고 하며, 안 된다고 할 때에는 すみませんが、ちょっと……(죄송한데요. 좀……)와 같이 완곡한 표현을 통해 상대에게 거절에 대한 충격을 주는 것을 피한다.

A：ここで たばこを すっても いいんですか。(여기서 담배를 피워도 되겠습니까?)
B：ええ、どうぞ。{네. 피우세요(그러세요).}

회화_2

たなか
田中_ 新年 あけまして おめでとうございます。
새해 복 많이 받으세요.

よしだ
吉田_ あけまして おめでとうございます。
새해 복 많이 받으세요.

✱ 明(あ)けまして おめでとうございます 새해 복 많이 받으세요

새해 인사이며, 賀正(がしょう), 謹賀新年(きんがしんねん), 新年(しんねん) あけまして おめでとうございます 등 연하엽서로 연하 인사를 한다.

＊明(あ)けまして おめでとうございます 새해 복 많이 받으세요

일본은 연말 연시 인사를 12월 31일까지와 1월 1일부터의 인사로 구분하여 인사한다. 12월 31일까지의 인사를 대개 良(よ)いお年(とし)を (おむかえください)(좋은 해를 맞이하세요)라고 하거나, よいお年(とし)を迎(むか)えられますように(좋은 새해를 맞이하도록), よいお年(とし)に なるように(좋은 새해가 되도록)이라고 인사를 한다.

1월 1일 이후 1월초에 처음 만나는 사람에게는 明(あ)けまして おめでとうございます 또는 新年(しんねん) おめでとうございます라고도 한다.

일본은 연하장을 주로 엽서를 많이 이용하는데, 자기가 직접 제작하여 자기만의 연하엽서나 연하장을 만들기도 한다. 연하장이나 연하엽서일 경우 주소란에 年賀(ねんが)라고 표기를 해서 12월 22일까지 우체국에 보내면 모아서 1월 1일에 배달해 준다. 연하장을 작성할 때는 새해인사와 지난해에 대한 감사 인사, 그리고 새해에도 잘 부탁한다는 내용을 담으면 될 것이다.

예를 들면
○ あけまして おめでとうございます。새해 복 많이 받으세요.
○ 昨年(さくねん)は いろいろと お世話(せわ)に なりました。
  지난해는 여러 가지로 신세를 많이 졌습니다.
○ 今年(ことし)も よろしく おねがいいたします。올해도 잘 부탁드립니다.

휴대폰의 보급으로 젊은이들 사이에서는 문자 메일을 많이 이용하게 되는데, 새해인사도 생략형으로 あけましておめでとうございます(새해 복 많이 받으세요) → あけおめ, ことしもよろしくおねがいいたします(올해도 잘 부탁드립니다) → ことよろ, 즉, あけおめ,ことよろ라고 문자 메일을 보내는 것이 유행하고 있다. 이는 윗사람에겐 쓸 수 없는 표현이다. 이와 같은 예는 メリークリスマス(메리 크리스마스) → メリクリ에서도 볼 수 있다.

참고로 일본은 축하할 일이 있을 때 음식으로는 たい(도미)가 빠지지 않는다. 이는 めでたい(경사스럽다)라는 단어 속에 たい라는 음이 들어 있기 때문이다. 이와 같은 예는 **おせち料理(りょうり)**(설날 음식)에서도 반드시 다시마가 들어가는데, 일본어로 다시마는 こんぶ이다. 이는 よろこぶ(기뻐하다)라는 단어와 발음이 비슷한 こんぶ 속에 こぶ라는 음이 들어 있어서 다시마를 이용함으로써 일년 동안 기쁜 날이 계속 되었으면 하는 염원에서일 것이다.

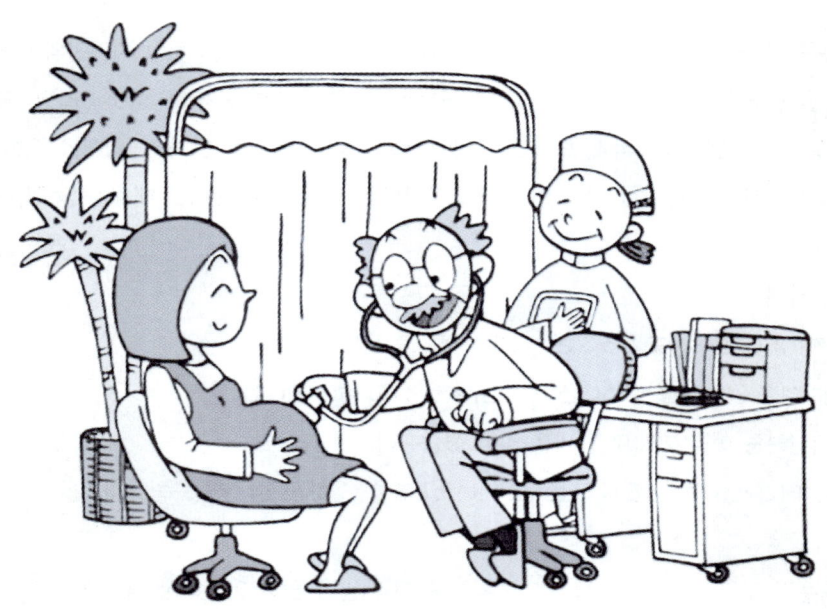

3

일상적인 표현

:

1. 날씨 · 계절

2. 시간

3. 날짜 · 요일

1 날씨·계절

회화_1

鈴木(すずき)_ 今日(きょう)は いい (お)天気(てんき)ですね。
오늘은 날씨가 좋군요.

吉田(よしだ)_ ええ、そうですね。ほんとうに いい (お)天気(てんき)ですね。
네, 그렇군요. 정말 날씨가 좋아요.

鈴木(すずき)_ でも、あしたは 雨(あめ)だそうですね。
하지만, 내일은 비가 온다는군요.

吉田(よしだ)_ じゃ、これから だんだん 涼(すず)しく なるでしょうか。
그럼, 이제부터 차차 시원해질까요?

鈴木(すずき)_ そうでしょうね。秋(あき)に なりますからね。
그렇겠군요. 가을이 될테니까요.

새단어

- 今日(きょう) 오늘
- 天気(てんき) 날씨
- 本当(ほんとう)に 정말로
- お天気(てんき) 날씨의 미화 표현
- 明日(あした·あす) 내일
- 雨(あめ) 비
- これから 앞으로
- だんだん 점점, 차차
- 涼(すず)しい 시원하다
- ~でしょうか ~할까요?
- 명사에 なる ~이(가) 되다
- い형용사 く なる ~하게 되다, ~해지다

✽ いい お天気(てんき)ですね 날씨가 좋군요

いい 天気ですね 등으로 인사를 건네면 ええ、そうですね(네, 그렇군요). 本当(ほんとう)に いい (お)天気ですね(정말 날씨가 좋군요)。ええ、とても いい 天気です(네, 날씨가 매우 좋습니다)라고 답례 인사를 하면 무난한 인사가 될 것이다. いい (お)天気ですね는 いい お天気ですね와 같은 의미이며, お天気라고 표현하여 좀더 미화적인 느낌을 준다.

✽ あしたは 雨(あめ)だそうですね 내일은 비가 온다고 하더군요

明日(あした)は 雨(あめ)が 降(ふ)るそうですね로 바꿔 표현할 수 있다.
* 보통형 そうだ (伝聞) ~한다고 한다, ~한다고 하더라
この 店(みせ)は 安(やす)くて おいしいそうです。(이 가게는 싸고 맛있다고 합니다)
今度(こんど) 出張(しゅっちょう)に 行(い)く ことに なった 人(ひと)は 山田課長(やまだかちょう)だそうですね。
이번에 출장가게 된 사람은 야마다 과장님이라고 하더군요.

✱ あいづち(맞장구)

대개의 경우 인사 후 대화를 어떻게 이끌어 가야 할지 고민하게 될 때 날씨에 대한 인사로 이끌어 가면 자연스럽게 대화를 풀어나갈 수 있다. 일본어는 상대방의 말에 맞장구를 치면서 {相(あい)づちを うつ 맞장구를 치다} 이야기하는 문화이다. 한국인에겐 맞장구가 어색할지 모르겠지만 맞장구를 치지 않으면 일본인은 상대방이 자신의 말을 잘 듣고 있는지 어떤지 몰라 매우 불안하다고 한다. 그러므로 맞장구를 적절히 잘 치는 것 또한 자연스런 대화로 이끌어 가는 대화술이라고 할 수 있을 것이다. 여기에서는 ええ、そうですね, そうでしょうね가 맞장구라고 할 수 있다.

회화_2

金アミ_ 暖(あたた)かく なりましたね。
따뜻해졌군요.

鈴木(すずき)_ ええ、そうですね。
네, 그렇군요.

春一番(はるいちばん)も 吹(ふ)いたんですからね。
따뜻한 남풍도 불었으니까요.

金アミ_ これからは 南(みなみ)の方(ほう)から さくら便(だよ)りも
이제부터는 남쪽에서 벚꽃 소식도

聞(き)こえて 来るでしょうね。
들려오겠죠?

鈴木(すずき)_ そうでしょうね。お花見(はなみ)が 楽(たの)しみですね。
그렇겠죠. 벚꽃 구경이 기대되네요.

 새단어

- 吹(ふ)く 불다
- 桜(さくら)벚(꽃) ＊桜(さくら)の花(はな) 벚꽃
- 桜便(さくらだよ)り 벚꽃 소식
- くる 오다
- 南(みなみ) 남쪽 = 南(みなみ)の方(ほう)
- 聞(き)こえる 들리다
- 楽(たの)しみ 즐거움, 재미, 낙

✱ 暖(あたた)かく なりましたね 따뜻해졌군요

봄 인사이며, 다른 표현으로는

○ 暖かいですね。(따뜻하군요.)

○ 暖かくて いい 天気(てんき)ですね。(따뜻하고 날씨가 좋네요.)

○ 暖かく なって きましたね。(따뜻해졌네요.)

등의 봄 인사도 있다.

✱ 春一番(はるいちばん) 따뜻한 남풍

2월말~3월초(춘분이 지난 후)에 부는 따뜻하고 강한 남풍이다. '바람이 불다'는 風(かぜ)が 吹(ふ)く이고, '감기(가) 들다'는 風邪(かぜ)を ひく이므로 주의하기 바란다.

✱ お花見(はなみ) 벚꽃 구경

일본에서는 벚꽃이 피면 벚꽃 구경을 즐기는데 이를, お花見라고 한다. 동경에서는 上野公園(うえのこうえん)의 花見가 유명하다. お花見는 花見를 미화한 표현이다.

회화_3

金アミ_ 梅雨に 入ったようですね。
　　　　장마에 접어든 것 같아요.

鈴木_ これから じめじめするだろうと 思います。
　　　앞으로 눅눅할 겁니다.

金アミ_ 去年は 空梅雨だったそうですが、
　　　　작년에는 카라쯔유였다던데,

　　　　空梅雨って 何でしょう。
　　　　카라쯔유가 뭐예요?

鈴木_ 梅雨の時に 雨が 降らない ことを
　　　장마철에 비가 오지 않은 것을

　　　いうんです。
　　　말합니다.

金アミ_ そうですか。
　　　　그래요?

　　　　今年は 空梅雨 じゃないでしょうね。
　　　　올해는 카라쯔유는 아니겠죠?

鈴木_ ええ、アジサイが 雨に うたれて しっとりと ぬれて いる
네, 수국이 비를 맞아 함초롬히 젖어 있는

様子が 日本の 梅雨の 光景ですよ。
모습이 일본의 장마철 광경이에요.

새단어

- 今年(ことし) 올해 ＊昨年(さくねん)．去年(きょねん) 작년．
- 梅雨(つゆ)に 入(はい)る 장마에 접어들다
- 来年(らいねん) 내년
- 再来年(さらいねん) 내후년
- アジサイ 수국
- 雨(あめ)に うたれる 비를 맞다
- しっとりと ぬれる 함초롬히 젖다
- 光景(こうけい) 광경
- 様子(ようす) 모양, 모습

✽ 梅雨(つゆ)に 入(はい)ったようですね 장마에 접어든 것 같아요

梅雨が 明(あ)ける(장마가 개다)， 梅雨が あけると いいですね(장마가 그쳤으면 좋겠군요)， 梅雨入(つゆい)り(장마철로 접어듦)， 梅雨明(つゆあ)け(장마가 갬) 등의 표현도 알아두면 도움이 될 것이다.

＊연체형 ようだ(불확실한 단정, 비유, 예시 등) ~인 것 같다, ~인 모양이다

○雨(あめ)が やんだようです。(비가 갠 것 같습니다.)

○雨が 止(や)む。(비가 그치다. 비가 개다.)

○花(はな)のように 美(うつく)しいですね。(꽃처럼 아름답군요.)

❋ **じめじめするだろうと 思(おも)います   눅눅할 겁니다**

じめじめ 눅눅함, 축축함(불쾌하도록 습기나 물기가 많은 모양)을 나타내며, 〜と 思う 〜라고 생각하다

○ 金アミさんが 作(つく)った キムチなら きっと おいしいだろうと 思います。
　(김아미 씨가 담근 김치라면 틀림없이 맛있을 거라고 생각합니다.)

❋ **空梅雨(からつゆ)って 何(なん)でしょう   카라쯔유란 뭐죠?**

空梅雨って에서 〜っては 〜と いうのは의 회화체이다. 何でしょう는 か가 생략된 표현으로 何ですか보다 정중한 느낌을 나타낸다.

○ 梅干(うめぼ)しって 何でしょうか。(우메보시란 뭐예요?)
○ IT産業(さんぎょう)って 何ですか。(IT산업이란 뭡니까?)

❋ **雨(あめ)に うたれて しっとりと ぬれて いる 様子(ようす)**
　　비를 맞아 함초롬히 젖어 있는 모습

*〜れる、 〜られる (수동, 자발, 가능, 존경)을 나타내며, あめに うたれて는 수동이다.

○ 部長(ぶちょう)に 呼(よ)ばれて 部長室(ぶちょうしつ)に 行(い)って います。
　(부장님이 불러서 부장실에 가 있습니다.) (수동)
○ お寿司(すし)なら 食(た)べられます。(초밥이라면 먹을 수 있습니다.) (가능)
○ 部長も いかれますか。(부장님도 가십니까?) (존경)
○ 母(はは)のことが 案(あん)じられます。(어머니가 걱정됩니다.) (자발)

회화_4

金アミ_ こんにちは。
안녕하세요.

鈴木_ あ、金さん、こんにちは。
아, 김아미 씨, 안녕하세요.

金アミ_ 今日は ひどく むしむししますね。
오늘은 몹시 푹푹 찌네요.

鈴木_ ええ、毎日 かんかん照りですね。
네, 매일 쨍쨍 내리쬐는군요.

金アミ_ にわか雨でも ふれば いいのに……．
소나기라도 내리면 좋을 텐데……．

鈴木_ そうですね。今年は 特に こんな 日が 続くんですね。
그러게요. 올해는 특히 이런 날이 계속되는군요.

金アミ_ 早く 涼しく なると いいですね。
빨리 시원해지면 좋겠군요.

새단어

- ひどい 심하다, 지독하다 ■ むしむし 푹푹 찌는 모양 ■ むしむしする 푹푹 찌다
- かんかん 햇볕이 강하게 내리쬐는 모양, 쨍쨍 ■ にわか雨(あめ) 소나기
- ~でも ~(이)라도 ■ ~のに ~할 텐데, ~임에도 불구하고
- かんかんでり 쨍쨍 내리쬠, 그런 날씨

✱ 여름 날씨 표현

暑(あつ)いですね(덥군요), 蒸(む)し暑いですね(무덥군요) 등의 계절 인사를 한다.

○ 今日(きょう)も 暑く なりそうですね。(오늘도 더워질 것 같아요.)

○ (ひどく) むしむししますね。(몹시) 푹푹 찌네요.)

○ むんむんしますね。(후덥지근 하네요.)

○ かんかん照(で)りですね。(햇볕이 쨍쨍 내리쬐는군요.)

✱ にわか雨(あめ)でも ふれば いいのに... 소나기라도 내리면 좋을 텐데…

*~ば ~のに {~였더라면(하면) ~을 텐데}의 의미로 결과가 기대에 반해 유감의 심정을 나타내는 표현이다.

○ 一緒(いっしょ)に 見(み)に 行(い)けば よかったのに...(함께 보러 갔더라면 좋았을 텐데…)

○ 連絡(れんらく)して おけば 会(あ)えるのに...(연락해 두면 만날 수 있을 텐데…)

*~のに ~임에도 불구하고, ~인데. 당연히 예상되는 일과 반대의 내용이 후 절에 온다.

○ だれも いないのに 電気(でんき)が ついて います。(아무도 없는데 전기가 켜 있습니다.)

○ 禁煙(きんえん)なのに タバコを 吸(す)って いますね。(금연인데 담배를 피고 있군요.)

✱ 날씨에 대한 표현

* 봄

○ 暖(あたた)かく なりましたね。(따뜻해졌군요.)

○ 暖かいですね。(따뜻하군요.)

○ 暖かくて いい 天気(てんき)ですね。(따뜻하고 날씨가 좋네요.)

○ 暖かく なって きましたね。(따뜻해졌네요.)

* 여름

○ 暑(あつ)いですね。덥군요.

○ 蒸(む)し暑いですね。무덥군요.

○ 今日(きょう)も 暑く なりそうですね。오늘도 더워질 것 같아요.

○ (ひどく) むしむししますね。(몹시) 푹푹 찌네요.

○ むんむんしますね。후덥지근 하네요.

○ かんかん照(で)りですね。햇볕이 쨍쨍 내리쬐는군요.

○ また、雨(あめ)に なりそうですね。雨が ふりそうですね。또 비가 올 것 같아요.

○ ひどい 雨ですね / ひどい ふりですね。비가 꽤 (지독히) 오네요.

○ あしたは 雨だそうです。내일은 비가 온답니다.

○ 土砂降り(どしゃぶり)ですね。억수같이 쏟아지네요.

○ 毎日(まいにち) よく 雨が ふりますね。매일 자주 비가 오는군요.

* 가을

○ 涼(すず)しいですね。시원하군요.

○ まだまだ 残暑(ざんしょ)が 厳(きび)しいですね。아직 늦더위가 기승을 부리네요.

○ 涼しく なって きましたね。시원해졌어요.

○ 今日(きょう)は 少(すこ)し 肌寒(はだざむ)いですね。오늘은 조금 쌀쌀하군요.

*겨울

○ (本当(ほんとう)に) 寒(さむ)いですね。 (정말로) 춥군요.

○ あたたかく なると いいんですが。 따뜻해지면 좋겠는데요.

○ 寒く なりましたね。 추워졌군요.

○ 雪(ゆき)が ふりそうですね。 눈이 내릴 것 같아요.

○ 雪ですね。 눈이 오네요.

○ ちょっと 和(やわ)らぎましたね。 좀 누그러졌네요. 좀 날씨가 풀렸네요.

○ 冷(ひ)え込(こ)んで きましたね。 갑자기 추웠졌네요.

○ 冷え冷(び)えしますね。 쌀쌀하네요.

○ 冷えて きましたね。 쌀쌀해졌어요.

*기타

○ 晴(は)れて 来(き)ましたよ。 날씨가 개었어요.

○ こんな日(ひ)が 続(つづ)くと いいですね。 이런 날이 계속되면 좋겠어요.

○ 今日(きょう)は いい天気(てんき)に なりそうですね。 오늘은 날씨가 좋아질 것 같아요.

○ あまり 天気が よく ないですね。 그다지 날씨가 좋지 않군요.

○ ずいぶん 曇(くも)って いますね。 무척 흐리군요.

○ だんだん くもって 来ました。 점점 흐려지는군요.

○ ええ、本当(ほんとう)に ひどいですね。 네, 정말로 안 좋군요.

○ かなり 風(かぜ)が ありますね。 꽤 바람이 있군요.

○ かぜが ひどく 吹(ふ)いて いますね。 바람이 심하게 불고 있군요.

○ 空(そら)が どんよりして いますね。 하늘이 어두침침하군요.

○ どんよりして うっとうしいですね。 어두침침해서 기분이 찌뿌둥하군요.

＊일본의 기후와 일기예보

　일본도 우리 나라와 마찬가지로 4계절이 뚜렷하다. 일본 열도는 북에서 남으로 길게 뻗어 있기 때문에 지역마다 다양한 기후를 보이며, 동경을 서울과 비교하면 여름에는 기온과 습도가 높아 더운 편이다.

　홋카이도(北海道)를 제외한 일본 전역에는 6월초부터 7월 중순에 걸쳐 비가 많이 내리는데 이 시기를 梅雨(つゆ/ばいう)라고 하며 우리의 장마에 해당하는 시기이다. 이 무렵에 때마침 매실이 결실을 보는데서 梅雨라는 말이 유래했다고 한다. 또한 이 시기는 수국(あじさい)이 피기 때문에 일본의 장마철은 함초롬히 비를 맞고 있는 수국이 연상되는 시기이기도 하다.

　장마가 끝나는 것을 梅雨明(つゆあ)け라고 하는데, 장마가 끝나면 일본은 본격적인 무더위가 시작된다. 때에 따라서는 장마철에 비가 오지 않고 가뭄이 들기도 하는데 이를 '空梅雨(からつゆ)'라고 한다.

　대체로 8월경부터 태풍이 찾아오며, 겨울은 영하로 내려가는 날이 별로 없으나 바람이 불기 때문에 체감 온도가 낮다. 北海道(ほっかいどう)는 매우 춥고 눈이 많이 내리며, 남쪽 沖縄(おきなわ)는 제주도와 비슷한 아열대성 기온을 보이며, 동해 쪽은 대체로 서늘한 기후인 반면 태평양 쪽은 고온 다습하다.

2 시간

회화_1

<ruby>鈴木<rt>すずき</rt></ruby>_ すみません。<ruby>今<rt>いま</rt></ruby> <ruby>何時<rt>なんじ</rt></ruby>ですか。
실례합니다. 지금 몇 시입니까?

<ruby>山田<rt>よしだ</rt></ruby>_ (いま) <ruby>4時<rt>よじ</rt></ruby> <ruby>10分<rt>じゅっぷん</rt></ruby>すぎです。
(지금) 4시 10분 좀 지났습니다.

<ruby>鈴木<rt>すずき</rt></ruby>_ もう すぐ <ruby>始<rt>はじ</rt></ruby>まりますね。
이제 곧 시작되겠군요.

山田_ ええ、コンサートは <ruby>4時<rt>よじ</rt></ruby> <ruby>30分<rt>さんじゅっぷん</rt></ruby>からです。
네, 콘서트는 4시 30분부터니까요.

✵ 시간 표현

■ ちょうど 정각   ■ ちょうど ~時(じ) 정각 ~시   ■ ~ はん(半) 반 = 30分
■ ~まえ(前) ~전   ■ ~ころ(ごろ) ~경, 무렵, 쯤   ■ ~ すぎ ~지남
■ しょうご(正午) 정오   ■ ごぜん(午前) 오전
■ ごご(午後) 오후 등의 표현이 있으며, 몇 시냐고 물을 때는 (今)何時(なんじ)ですか나 가볍게 今 何時(なんじ)?(지금 몇 시지?)라고 한다.

✳︎ 회화 예문

○ 今(いま) 何時(なんじ)ですか。(지금 몇 시입니까?)

○ 午前(ごぜん)(午後ごご)6時(ろくじ)です。{오전(오후) 6시입니다.}

○ ちょうど10時(じゅうじ)です。(정각 10시입니다.)

○ 6時(ろくじ) 30分(さんじゅっぷん)です = 6時半(ろくじはん)です。
　(6시 30분입니다 = 6시 반입니다.)

○ 7時(しちじ)50分(ごじゅっぷん)です= 8時(はちじ) 10分前(じゅっぷんまえ)です。
　(7시 50분입니다 = 8시 10분 전입니다.)

○ 正午(しょうご)です。(정오입니다.)

○ 今(いま) 8時(はちじ)過(す)ぎです。(지금 8시를 지났습니다.)

○ 3時頃(さんじごろ)です。(3시경입니다.)

회화_2

鈴木_ 田中さん、金さんとの 待ち合わせは 何時ですか。
다나카 씨, 김아미 씨와 약속은 몇 시입니까?

田中_ 午後 3時 半です。
오후 3시 반입니다

鈴木_ 場所は。
장소는요?

田中_ 渋谷の はち公の前です。
시부야의 하치공 앞입니다.

鈴木_ じゃ、今日は これで 帰っても いいですよ。
그럼, 오늘은 이만 돌아가도 좋아요.

田中_ ありがとうございます。じゃ、失礼します。
감사합니다. 그럼 실례하겠습니다.

새단어

- 場所(ばしょ) 장소
- 渋谷(しぶや) 동경시내 지명
- 前(まえ) 앞
- ハチ公(こう) 개의 동상 이름
- ~ても いい ~해도 된다(허락)
- 帰(かえ)る 돌아가다
- 失礼(しつれい)する 실례하다

✽ 待(ま)ち合(あ)わせは 何時(なんじ)ですか 약속은 몇 시입니까

待ち合わせ는 사전에 만날 장소와 시간을 약속한 것을 의미한다.
시부야의 하치공 동상 앞은 待ち合わせ 장소로 유명하다.

✽ 今日(きょう)は これで 帰(かえ)っても いいですよ
　오늘은 이만 돌아가도 좋아요

*〜ても いい(けっこう)です {〜해도 된다(좋다)} 허락 표현으로, 같은 표현으로 〜ても かまいません (〜해도 상관없습니다)가 있으며, 좀더 정중한 표현으로는

○〜ても よろしいです。(〜해도 괜찮습니다.)

○名前(なまえ)は 漢字(かんじ)で かいても いいですか。

　(이름은 한자로 써도 됩니까?)

○はい, 漢字で かいても いいです。(네, 한자로 써도 됩니다.)

○はい, いいです。(네, 됩니다.)

○はい, 漢字で かいても かまいません。(네, 한자로 써도 상관없습니다.)

3 날짜 · 요일

● 회화_1

田中_ きょうは 何月 何日ですか。
　　　오늘은 몇 월 며칠입니까?

金アミ_ 9月 23日です。
　　　9월 23일입니다.

田中_ じゃ、秋分の日で、
　　　그럼, 추분이고,

　　　日曜日ですね。
　　　일요일이군요.

金アミ_ ええ、そうです。
　　　네, 그렇습니다.

 새단어

- 何月(なんがつ) 몇 월
- 何日(なんにち) 며칠
- 秋分(しゅうぶん) 추분 *春分(しゅんぶん)
- 日曜日(にちようび) 일요일

✻ 秋分(しゅうぶん)の日(ひ) 추분

일본은 춘분(3월 21일), 추분(9월 23일)이 공휴일이며, 만약 공휴일이 일요일일 경우 대체휴일(振替休日(ふりかえきゅうじつ)이라 하여 그 다음 월요일도 휴일이다.

● 회화_2

鈴木_ 金さんの お誕生日は いつですか。
김 아미 씨의 생일은 언제입니까?

金アミ_ 10月 15日です。鈴木さんは。
10월 15일입니다. 스즈키 씨는요?

鈴木_ わたしは 5月 13日です。
저는 5월 13일입니다.

金アミ_ 暖かくて いい 季節ですね。
따뜻하고 좋은 계절이네요.

鈴木_ ええ、天気も いいし、
네, 날씨도 좋고,

花も たくさん さく 時期ですから いいですよ。
꽃도 많이 피는 시기라 좋아요.

새단어

- 暖(あたた)かい 따뜻하다
- 花(はな)が さく 꽃이 피다
- 季節(きせつ) 계절
- 時期(じき) 시기
- たくさん 많이
- 종지형 から ～때문에(이유・원인)

※ 金さんの お誕生日(たんじょうび)は いつですか
　　김아미 씨의 생일은 언제입니까

誕生日 생일이고, お誕生日는 존경의 의미를 나타내는 표현으로 '생신'의 의미이다.
金さんの お誕生日は 何月(なんがつ) 何日(なんにち)ですか(김아미 씨의 생일은 몇 월 며칠입니까?)라고 하기도 한다.

※ ええ、天気(てんき)も いいし、花(はな)も たくさん さく 時期(じき)
　　네, 날씨도 좋고, 꽃도 많이 피는 시기

*용언이나 조동사의 보통형 し ～하고, ～이고(원인, 이유를 둘 이상을 나열할 때)
단순한 이유가 아니라 '그 위에' '그리고, 또'와 같은 감정이 포함되어 있다.
○ 日曜日(にちようび)だし、天気(てんき)も いいし、遊(あそ)びにでも 行(い)きましょうか。
　(일요일이고 날씨도 좋으니까, 놀러라도 갈까요?)
○ 値段(ねだん)も 安(やす)いし、デザインも いいから これに します。
　(가격도 싸고, 디자인도 좋으니까 이것으로 하겠습니다.)

✱ 날짜에 관한 표현

○ 今日(きょう)は 何曜日(なんようび)ですか。오늘은 무슨 요일입니까?
○ 今日(きょう)は 何月 何日(なんがつ なんにち)ですか。오늘은 몇 월 며칠입니까?
○ 生年月日(せいねんがっぴ)は いつ(何月 何日)ですか。생년월일은 언제(몇 월 며칠)입니까?
○ (お)誕生日は何月 何日(いつ)ですか。생신(생일)은 몇 월 며칠(언제)입니까?
○ 休(やす)みは いつから いつまでですか。휴일은 언제부터 언제까지입니까?
○ 先月(せんげつ)は 何月でしたか。지난달은 몇 월이었습니까?
○ 結婚記念日(けっこんきねんび)は いつですか。결혼기념일은 언제입니까?
○ 何年生(なんねんう)まれですか。몇 년생입니까?
○ 1990年(ねん)生(う)まれです。1990년생입니다.
○ 来年(らいねん)は 何年(なんねん)ですか。내년은 몇 년입니까?

4

약속

1. 약속할 때

2. 약속 변경

1 약속할 때

● 회화_1

金アミ_ 今度の日曜日、お時間 よろしいですか。
　　　　이번 일요일날 시간은 괜찮으세요?

吉田_ ええ、あいて いますよ。
　　　네, 비어 있어요.

金アミ_ じゃ、ビールでも いっぱい 飲みませんか。
　　　　그럼, 맥주라도 한 잔 마시지 않겠어요?

吉田_ 何時に 会いましょうか。
　　　몇 시에 만날까요?

金アミ_ 6時に いつもの ビアホールは いかがでしょうか。
　　　　6시에 늘 가던 비어홀은 어떠세요?

吉田_ はい、わかりました。今度の 日曜日の 6時、
　　　네, 알겠습니다. 이번 일요일날 6시,

　　　いつもの ビアホールですね。
　　　늘 가던 비어홀이죠.

새단어

- いっぱい 한 잔 가득
- 飲(の)む 마시다
- 会(あ)う 만나다
- 今度(こんど) 이번
- よろしい (いい의 공손한 표현) 괜찮다, 좋다
- いつもの ビアホール 늘 가던 비어홀
- 分(わ)かる 알다, 이해하다

✻ お時間(じかん) よろしいですか 시간 괜찮으세요, 시간 있으세요

시간적으로 여유가 있는지를 묻는 표현으로 お時間 いいですか와 같은 의미이며, 来週(らいしゅう)の ~曜日(ようび)は あいて いますか(다음 주 ~요일은 비어 있으세요), お時間 ありますか(시간 있으세요), お暇(ひま)ですか(한가하세요? / 시간 있으세요), いま ちょっと いいですか(지금 잠시 괜찮으세요)로도 바꿔 표현해도 된다.

✻ ビールでも いっぱい のみませんか 맥주라도 한 잔 마시지 않겠어요

*~ませんか(~하지 않겠습니까?)는 뭔가를 정중하게 권유할 때 주로 쓰는 표현이다.

○ 一緒(いっしょ)に 見(み)ませんか。(함께 보지 않겠습니까?)

○ ドライブを しませんか。(드라이브하지 않겠습니까?)

이 표현은 ~ましょう(~합시다)보다 정중한 표현이다.

여기서 みませんか나 しませんか는 いかが(どう)ですか(어떠세요)로 바꿔 표현할 수 있다.

✳ 何時(なんじ)に 会(あ)いましょうか　몇 시에 만날까요

약속을 정할 때 ~ましょうか(~할까요) 또는, ~시간 표현 ~は いかがですか(~는 어떠세요)라고 상대방의 의견을 물어보는 것이 바람직하다.

＊~시간 に ~에(연, 월, 일, 시 다음에는 に가 붙는다.)

○午後(ごご) 3時(じ)に 会(あ)いましょう。(오후 3시에 만납시다.)

○6月(ろくがつ)には 梅雨(つゆ)に 入(はい)るでしょうね。

　(6월에는 장마에 접어들겠지요.)

＊~(사람)に 会(あ)う {~을(를) 만나다}

○昨日(きのう) 帰(かえ)り道(みち)で 鈴木(すずき)さんに 会いましたよ。

　(어제 퇴근길에 스즈키 씨를 만났어요.)

✳ 今度(こんど)の 日曜日(にちようび)の 6時(ろくじ), いつものビアホールですね
이번 일요일 6시, 늘 가던 비어홀이죠

약속 등을 할 때는 다시 한 번 확인하여 실수가 없도록 한다.

회화_2

すずき たなか そうだん
鈴木_ 田中さん、ご相談したい ことが あるんですが。
다나카 씨, 의논할 것이 있는데요.

つごう
　　　ご都合は いかがですか。
시간(형편)은 어떠세요.

たなか　　　　　　　　きょう　　じかん
田中_ いいですよ。今日なら 時間が とれそうですが。
좋아요. 오늘이라면 시간이 날 것 같은데.

すずき　　　　　きょう　　こじ　　だいじょうぶ
鈴木_ じゃ、今日の 5時なら 大丈夫ですか。
그럼, 오늘 5시라면 괜찮습니까?

たなか　　　　ごご　こじ　　じむしつ　　ま
田中_ ええ、午後 5時に 事務室で 待ってます。
네, 오후 5시에 사무실에서 기다리고 있겠습니다.

すずき　　　　　わ　　　　　　　　　　こじ
鈴木_ はい、分かりました。5時に うかがいます。
네, 알겠습니다. 5시에 뵙겠습니다.

새단어

- 相談(そうだん)する 상담하다, 의논하다
- 都合(つごう) 형편, 사정
- 時間(じかん)が とれる 시간을 낼 수 있다.
- ~なら ~(이)라면
- 大丈夫(だいじょうぶ)だ 괜찮다
- 午後(ごご) 오후 * 午前(ごぜん) 오전
- 事務室(じむしつ) 사무실
- 待(ま)つ 기다리다
- 分(わ)かる 알다, 이해하다
- 時(とき) 때
- うかがう 찾아 뵙다, 방문하다 {尋(たず)ねる의 겸양어}

❈ **ご相談(そうだん)したい ことが あるんですが 의논할 게 있는데요**

ご相談する는 相談する(의논하다)의 겸양 표현이다.

*동사의 ます형 たい ～하고 싶다(희망 표현)

○喉(のど)が かわいたから みずが のみたいです。
　(목이 말라서 물을 마시고 싶습니다.)

○ちょっと お話(はなし)したい ことが あるんですが。
　(잠깐 말씀드리고 싶은 게 있는데요.)

❈ **ご都合(つごう)は いかがですか 형편은 어떠십니까**

사정, 형편을 묻는 표현이며, ちょっと お会(あ)いできますか(잠깐 뵐 수 있을까요?), お時間(じかん) よろしいですか(시간 괜찮으세요?)로 바꿔 표현해도 좋을 것이다.

○ちょっと おうかがいしたいんですが, ご都合(つごう)は いかが(どう)ですか。
　(잠깐 찾아뵙고 싶은데 형편은 어떠세요?)

참고로 都合が いい(悪い)는 '형편이 좋다(나쁘다)' 이다.

❈ **今日(きょう)なら 時間(じかん)が とれそうですが**
　오늘이라면 시간을 낼 수 있을 것 같은데요

時間(じかん)が とれそうですが는 時間が 空(あ)いて いますけど(시간이 비어 있는데요)로 바꿔 써도 무난하다.

○時間がとれる。(시간을 낼 수 있다.)

○時間をとる。(시간을 내다.)

○時間を 割(さ)く。(시간을 할애하다.)

*～なら ～(이)라면

○木村(きむら)さんなら できると おもいますよ。(키무라 씨라면 가능할 겁니다.)

＊~そうだ (様態) ~할 것 같다, ~해 보인다

　＊동사의 ます形 ~そうだ

　　형용사・な형용사의 어간 ~そうだ에 접속

○おいしそうですね。いただきます。(맛있어 보이는군요. 잘 먹겠습니다.)

○棚(たな)から 荷物(にもつ)が 落(お)ちそうですね。

　(선반에서 짐이 떨어질 것 같아요.)

○丈夫(じょうぶ)そうな 箱(はこ)に 本(ほん)を 入(い)れましょう。

　(튼튼해 보이는 상자에 책을 넣읍시다.)

✻ 今日(きょう)の5時(ごじ)なら 大丈夫(だいじょうぶ)ですか
오늘 5시라면 괜찮습니까

다른 표현으로 응용한다면

○何時(なんじ)ごろ(いつ)が よろしいでしょうか。

　{몇 시쯤(언제)이 괜찮을까요?(좋을까요?)}

○都合(つごう)の いい 時間(じかん)は 何時ですか。

　{몇 시가 좋으시겠어요?(형편이 좋은 시간은 몇 시입니까?)}

○五時(ごじ)は いかがですか。(5시는 어떠세요?)

○五時なら 大丈夫(だいじょうぶ)ですが(いいんですが)…

　{5시라면 괜찮습니다만…(좋겠는데요.)}

○五時に しましょう。(5시로 합시다.)

○五時(ごじ)に 会(あ)いましょう。(5시에 만납시다.)

✽ **事務室(じむしつ)で 5時(ごじ)に 待(ま)ってます**
　　사무실에서 5시에 기다리고 있겠습니다

＊〜で 〜에서(행위가 이뤄지는 장소)

○学校(がっこう)で 日本語(にほんご)を 習(なら)って います。
　(학교에서 일본어를 배우고 있습니다.)

○庭(にわ)で 木(き)の 手入(てい)れを して います。
　(정원에서 나무 손질을 하고 있습니다.)

＊〜てます(〜하고 있습니다)
　〜ています의 축약형이며, 〜てる는 〜ている의 축약형이다.

✽ **5時(ごじ)に うかがいます**　5시에 뵙겠습니다

うかがう는 尋(たず)ねる(방문하다)의 겸양어이며, 더욱 정중한 표현은 お伺(うかが)いします이다.

약속에 대해 승낙할 때 ええ、いいですよ(네, 좋아요), はい、わかりました(네, 알겠습니다) 등으로 말한다.

2 약속 변경

● 회화_1

金アミ_ 吉田さん、明日、お会いする ことに なって いましたが、
요시다 씨, 내일 만나 뵙기로 되었는데요,

申し訳ありませんが、変更して いただけませんでしょうか。
죄송하지만, 변경해 주실 수 없겠습니까?

吉田_ あ、そうですか。
아, 그러세요?

金アミ_ 急に 大阪へ 出張する ことに なりまして。
갑자기 오사카에 출장가게 되어서요.

吉田_ はい、分かりました。じゃ、後で、連絡を
네, 알겠습니다. 그럼 나중에 연락을

取り合う ことに しましょう。
하기로 하죠.

金アミ_ どうも 無理な(勝手な) ことを いって 申し訳ありません。
대단히 무리한(제멋대로) 말씀을 드려서 죄송합니다.

새단어

- お会(あ)いする 만나 뵙다
- 出張(しゅっちょう)する＝出張(しゅっちょう)に 行(い)く 출장가다
- 分(わ)かる 알다, 이해하다
- あとで 후에, 나중에
- 連絡(れんらく)を 取(と)り合(あ)う 연락을 서로 취하다
- 勝手(かって)な 제멋대로인
- 変更(へんこう)する 변경하다
- じゃ 그럼＝それでは、では
- 無理(むり)な 무리한

✱ **明日(あした)、お会(あ)いする ことに なって いましたが**
　　내일 만나 뵙기로 되어 있었습니다만

お会(あ)いする(만나 뵙다)는 会うの 공손한 표현이다.
○ お会いできる(만나 뵐 수 있다)

＊ 〜ことに なって いる 〜하기로 되어 있다(결정에 바탕을 둔 예정 행동에 쓰는 표현)

○ 私(わたし)は 来年(らいねん) 日本(にほん)に 留学(りゅうがく)する ことに なって います。(저는 내년에 일본에 유학가기로 되어 있습니다.)

○ 晩(ばん)ご飯(はん)だけは 家族(かぞく) 一緒(いっしょ)に 食(た)べる ことに なって いる。(저녁만큼은 가족이 함께 먹기로 되어 있다.)

✱ **もうしわけありません(が)**
　　뭐라 드릴 말씀이 없습니다(만), 죄송합니다(만)

사죄를 나타내며, 보다 정중한 표현은 申(もう)し訳(わけ)ございません(が)이다.

○ 本当(ほんとう)に 申し訳ございませんが。(정말로 죄송합니다만.)

※ **変更(へんこう)して いただけませんでしょうか**
　변경해 주실 수 없겠습니까

의미는 変更(へんこう)して いただけませんか와 같지만 보다 더 정중한 표현이다.

*～て いただけませんか(～해 주실 수 없겠습니까? ～해 주시지 않겠습니까?)는 정중한 의뢰 표현이며, ～て もらえませんか보다 정중한 표현이다. ～て くださいませんか(～해 주시지 않겠습니까?)와 의미상 같은 표현이다.

○ 駅(えき)へ 行(い)く 道(みち)を 教(おし)えて いただけませんでしょうか。
　　(역에 가는 길을 가르쳐 주실 수 없겠습니까?)

○ 30分ぐらい ずらして いただけませんか。(30분 정도 늦춰 주실 수 없겠습니까?)

※ **きゅうに 大阪(おおさか)へ 出張(しゅっちょう)する ことに なりまして**
　갑자기 오사카에 출장가게 되어서요

急(きゅう)に 体(からだ)の 具合(ぐあい)が 悪(わる)く なりまして(갑자기 몸 상태가 나빠져서요) 등과 같이 약속 변경을 해야 하는 이유를 말하는 표현이다.

*～ことに なる ～하게 되다, ～하기로 되다(결정)

○ 二人(ふたり)は いよいよ 結婚(けっこん)する ことに なり、来月(らいげつ) 式(しき)を あげます。
　　(두 사람은 드디어 결혼하게 되어 다음 달 식을 올립니다.)

※ **じゃ、あとで 連絡(れんらく)を とりあう ことに しましょう**
　그럼 나중에 연락을 하기로 합시다

*～ことに する ～하기로 하다(자기 의지로 결정을 내림, 결심)

*～ない ことに する ～하지 않기로 하다

○新幹線(しんかんせん)で 行(い)く ことに しました。

　(신칸센으로 가기로 했습니다.)

○来年(らいねん)、日本(にほん)へ 留学(りゅうがく)する ことに しました。

　(내년에 일본에 유학 가기로 했습니다.)

＊동사의 ます形＋合(あ)う 서로 ～하다

○話(はな)し合う。(서로 이야기하다.)

○競(きそ)い合う。(서로 경쟁하다.)

○なぐり合う。{서로 때리다(치고받다)}.

○肩(かた)を たたき合う。{어깨를 서로 두드리다(서로 격려하는 모습)}.

○その件(けん)に 関(かん)しては 話し合(あ)って 見ましょう。

　(그 건에 관해서는 서로 이야기해 봅시다.)

회화_2

鈴木_ 田中さん、今 どちらですか。
다나카 씨, 지금 어디 계세요?

田中_ 約束の場所に むかっている ところですけど。
약속 장소에 가고 있는 중인데요.

鈴木_ どうも、すみませんが、今 道が こんでいて
대단히 죄송한데요. 지금 길이 막혀서

約30分ぐらい 遅れそうなんですが。
약 30분 정도 늦을 것 같은데요.

田中_ そうですか。分かりました。
그러세요. 알겠습니다.

鈴木_ お待たせして どうも すみません。
기다리시게 해서 대단히 죄송합니다.

田中_ いいえ、私も 今 ついた ばかりです。
아녜요, 저도 지금 막 왔어요.

새단어

- おまたせする 待(ま)たせる의 겸양 표현
- 約束(やくそく)の場所(ばしょ) 약속장소
- 向(む)かう 향하다
- 道(みち)が込(こ)む 길이 붐비다
- どちら 어느 쪽
- 遅(おく)れる 늦다, 늦어지다
- 待(ま)たせる 기다리게 하다(사역)

✻ **約束の場所(ばしょ)に むかって いる ところですけど**
　약속 장소에 가고 있는 중인데요

＊〜て いる ところ 〜하고 있는 중, 〜 하는 중(지금 동작이 진행되고 있다는 의미 표현)

○いま 昼(ひる)ごはんを 食(た)べて いる ところなんですが。
　(지금 점심을 먹고 있는 중인데요.)

○私も その 本(ほん)を 読(よ)んで いる ところです。
　(저도 그 책을 읽고 있는 중입니다.)

✻ **約(やく) 30分(さんじゅっぷん)ぐらい 遅(おく)れそうですが**
　약 30분 정도 늦을 것 같은데요

そうだ(様態)가 동사에 붙으면 가까운 미래에 대한 추측 표현이며, い형용사・な형용사에 붙으면 눈앞에 있는 사물의 양상을 표현한다.

＊동사의 ます形 + そうだ 〜할 것 같다, 〜해 보인다(様態)

＊い형용사 어간 / な형용사 어간 + そうだ

○もう すぐ 雨(あめ)が 降(ふ)りそうですね。(이제 곧 비가 올 것 같군요.)

○ 面白(おもしろ)そうな 表情(ひょうじょう)を して います.
   (재미있어 보이는 표정을 하고 있습니다.)
○ 親切(しんせつ)そうな 人(ひと)に 聞(き)いて みました.
   (친절해 보이는 사람에게 물어봤습니다.)

✽ お待(ま)たせして どうも すみません
   기다리게 해서 대단히 죄송합니다

누군가를 기다리게 했을 때 주로 하는 인사이다. 다른 표현으로
○ お待たせしました / お待たせいたしました.(오래 기다리셨습니다.)
   お待たせいたしました는 お待たせしました보다 더 공손한 표현이다.

✽ 私(わたし)も 今(いま) 着(つ)いた ばかりです
   저도 지금 막 왔어요

＊ ～た ばかり (～한 지 얼마 안 되었다)
어떤 일을 한 지 얼마 경과되지 않았다는 의미
○ この店(みせ)は できた ばかりです.(이 가게는 생긴 지 얼마 안 되었습니다.)
○ 一週間前(いっしゅうかんまえ)に 退院(たいいん)した ばかりです.
   (퇴원한 지 일주일밖에 안 되었습니다.)

5

가정

1. 가족
2. 주거
3. 직업

1 가족

회화_1

金アミ_ 鈴木さんは 何人家族ですか。
스즈키 씨 가족은 몇 명이에요?

鈴木_ 5人家族です。でも、姉が フランスに 行って いて、
5인 가족입니다. 하지만, 누나가 프랑스에 가 있어서

今は 4人です。
지금은 4명입니다.

金アミ_ じゃ、三人兄弟ですね。
그럼, 3형제네요.

鈴木_ ええ、姉が一人、兄が一人、
네, 언니가 한 명, 오빠가 한 명,

そして 私です。
그리고 저예요.

金アミ_ 鈴木さんは 末っ子ですね。
스즈키 씨는 막내군요.

鈴木_ ええ、末っ子なので、いつも 妹が いればと 思って います。
예, 막내라서 늘 여동생이 있었으면 해요.

金さんの ご家族は 何人ですか。
かぞく　なんにん

김아미 씨 가족은 몇 명이세요?

金アミ_ 四人家族で、両親と 妹が 一人 います。
よにんかぞく　　りょうしん いもうと ひとり

　　　　4명이고, 부모님과 여동생이 한 명 있어요.

鈴木_ 妹さんが いて いいですね。
すずき　いもうと

　　　여동생이 있어서 좋겠군요.

새단어

- 何人家族(なんにんかぞく) 몇 가족, 가족이 몇 명
- 姉(あね) 언니, 누나(자기의 손위 여자)
- フランス 프랑스
- 行(い)く 가다
- 兄弟(きょうだい) 형제
- 3人 兄弟(さんにんきょうだい) 3형제
- 兄(あに) 형, 오빠(자기 손위 남자)
- そして 그리고
- 末っ子(すえっこ) 막내
- 妹(いもうと) 여동생(자기)
- 両親(りょうしん) 양친, 부모

✲ **鈴木(すずき)さんは 何人家族(なんにんかぞく)ですか**
　　스즈키 씨 가족은 몇 명입니까

(ご)家族(かぞく)は 何人(なんにん)ですか라고도 한다. 이에 대답은 3人家族(さんにんかぞく)です(가족이 3명입니다)・3人です(3명입니다)・家族は 3人です(가족은 3명입니다) 등으로 답한다.

마찬가지로 '형제는 몇이세요?'도 何人兄弟(なんにんきょうだい)ですか・(ご)兄弟(きょうだい)は 何人ですか라고 하며, 兄弟は 2人(ふたり)です(형제는 둘입니다)・2人です(두 명입니다)・3人兄弟(さんにんきょうだい)です(3형제입니다) 등으로 대답한다.

✿ ええ、末っ子(すえっこ)なので 예, 막내라서

*연체형 ので ~이므로, 이기 때문에. ~から와 함께 이유, 원인을 나타내지만 から는 주관적인 느낌이 강하며, ので는 조금 부드러운 느낌을 준다. 따라서 변명을 해야 할 때 から가 아닌 ので를 써야 한다. 회화체에선 ~んで라고도 한다.

○ ちょっと 忙(いそが)しいので お先(さき)に 失礼(しつれい)します。
　(좀 바빠서 먼저 실례하겠습니다.)
○ 気分(きぶん)が 悪(わる)かったので ちょっと 遅(おそ)く なりました。
　(몸이 안 좋아서 좀 늦었습니다.)

✿ いつも 妹(いもうと)が いればと 思って います
　　늘 여동생이 있었으면 해요

妹が いれば 다음에 いい가 생략된 표현으로
*~ば いい ~하면 좋겠다, ~하면 된다
○ 早(はや)く 世界(せかい)が 平和(へいわ)に なればと 思(おも)っています。
　(빨리 세계가 평화로워지면 좋겠다고 생각해요.)
○ 夫(おっと)の 病気(びょうき)が なおればと 思(おも)っています。
　(남편의 병이 회복되면 좋겠다고 생각해요.)

＊가족관계

▪ 주의할 점은 내 가족을 호칭할 때와 남의 가족에 대한 호칭이 다르다는 점이다.

남에게 내 가족 호칭	남의 가족 호칭	가족끼리
母(はは)	お母(かあ)さん	おかあさん 어머니
父(ちち)	お父(とう)さん	おとうさん 아버지
兄(あに)	お兄(にい)さん	おにいさん 형, 오빠
姉(あね)	お姉(ねえ)さん	おねえさん 누나, 언니
弟(おとうと)	弟(おとうと)さん	이름을 부름
妹(いもうと)	妹(いもうと)さん	이름을 부름
兄弟(きょうだい)	ご兄弟(きょうだい)	
家族(かぞく)	ご家族(かぞく)	

▪ 형제를 표현할 때

長男(ちょうなん) 장남　　　長女(ちょうじょ) 장녀
次男(じなん)　 차남　　　次女(じじょ)　 차녀
三男(さんなん)　삼남　　　三女(さんじょ)　삼녀　　末っ子(すえっこ) 막내

▪ 사람 세는 단위

한 명	두 명	세 명	네 명	다섯 명		
ひとり 一人	ふたり 二人	さんにん 三人	よにん 四人	ごにん 五人		
여섯 명	**일곱 명**	**여덟 명**	**아홉 명**	**열 명**	**열한 명**	**몇명**
ろくにん 六人	しちにん 七人	はちにん 八人	きゅうにん 九人	じゅうにん 十人	じゅういちにん 十一人	… なんにん 何人

○ お子(こ)さん (子供(こども)さん)は 何人(なんにん)ですか。{자제(자식, 아이)는 몇 명입니까?}

○ うちは 大家族(だいかぞく)です。(우리 집은 대가족입니다.)

○ 私(わたし)の 弟(おとうと)です。(제 남동생입니다.)

○ ご家族(かぞく)は お元気(げんき)ですか。(가족들은 건강하세요?)

회화_2

田中＿ 金さんの ご兄弟は 何人ですか。
김아미 씨 형제는 몇이세요?

金アミ＿ 二人です。弟が 一人 います。
둘입니다. 남동생이 한 명 있어요.

田中＿ 弟さんは おいくつですか。
남동생은 몇 살이세요?

金アミ＿ 18歳で、高校に 通っています。
18살이고, 고등학교에 다니고 있어요.

田中＿ 何年生ですか。
몇 학년이에요?

金アミ＿ 2年生で、勉強に 頑張って います。
2학년이고, 공부에 힘쓰고 있습니다.

田中＿ 韓国も 日本も 高校生って 大変ですね。
한국도 일본도 고교생은 힘들군요.

새단어

- 何人(なんにん) 몇 명
- いくつ 몇 살
- 高校(こうこう) 고교
- ご兄弟(きょうだい) (남의) 형제
- ~に 通(かよ)う ~에 다니다
- 何年生(なんねんせい) 몇 학년
- 勉強(べんきょう) 공부
- 頑張(がんば)る 노력하다, 분발하다

✲ 弟(おとうと)さんは おいくつですか 남동생은 몇 살입니까?

나이는 何才(なんさい)ですか(몇 살이세요?)라고도 묻는다. 좀더 정중하게 おいくつですか(연세(나이)가 어떻게 되세요?)라고 하므로, 손윗사람에게는 おいくつですか라고 해야 실례가 되지 않는다.

弟(おとうと)さんは 何歳(なんさい)ですか。(남동생은 몇 살입니까?

お父(とう)さんは おいくつですか。(아버님은 연세가 몇이세요?

失礼(しつれい)ですが (今年ことし) おいくつですか。
{실례지만, (올해) 연세가 어떻게 되세요?}

✲ 나이 표현

1歳(いっさい)	2歳(にさい)	3歳(さんさい)	4歳(よんさい)	5歳(ごさい)
6歳(ろくさい)	7歳(ななさい)	8歳(はっさい)	9歳(きゅうさい)	10歳(じゅっさい、じっさい)
11歳(じゅういっさい)…… 20歳(はたち)			21歳(にじゅういっさい)……	

いくつ、何歳(なんさい)…… おいくつ 몇 살(세)

5. 가족_107

✽ **18歳(じゅうはっさい)で、高校(こうこう)に 通(かよ)って います**
　　18살이고, 고등학교에 다니고 있어요

＊명사で ～이고,

＊～に 通う ～에 다니다

○塾(じゅく)(会社(かいしゃ), 学校に かよう。

　(학원(회사, 학교)에 다니다.)

○妹(いもうと)は ピアノ教室(きょうしつ)に 通(かよ)って います。

　(여동생은 피아노 교실에 다니고 있습니다.)

✽ **何年生(なんねんせい)ですか　몇 학년입니까**

학년은 何年生ですか라고 묻고, 대답은 小学校(しょうがっこう) 一年生(いちねんせい)です(초등학교 1학년입니다), 高校(こうこう) 3年生(さんねんせい)です(고등학교 3학년입니다) 등으로 대답할 수 있다.

一年生(いちねんせい) 1학년	二年生(にねんせい) 2학년	三年生(さんねんせい) 3학년
四年生(よねんせい) 4학년	五年生(ごねんせい) 5학년	六年生(ろくねんせい) 6학년
何年生(なんねんせい) 몇 학년		

참고로 우리말의 '몇 년생입니까?'는 何年生(なんねんうまれ)ですか라고 하며, 대답은 ～年生(ねんう)まれです(～년생입니다)라고 한다.

○1998年生まれです。(1998년생입니다.)

2 주거

● 회화_1

田中_ 失礼ですが、お住まいは どちらですか。
실례지만, 댁은 어디세요?(어디에 사세요?)

鈴木_ 自由ケ丘に 住んで います。
지유가 오카에 살고 있습니다.

田中_ ああ、そうですか。
아, 그러세요.

お宅は マンションですか。一戸建てですか。
댁은 맨션입니까? 단독주택입니까?

鈴木_ マンションですけど。
맨션인데요.

田中_ ご家族と ご一緒ですか。
가족과 함께 사세요?

鈴木_ いいえ、一人で 住んで います。
아뇨, 혼자 살고 있습니다.

田中_ 一人暮らしですね。ご家族は どちらに
혼자 사시는군요.　　　　가족은 어디에

<ruby>住<rt>す</rt></ruby>んで いらっしゃいますか。
살고 계세요?

<ruby>鈴木<rt>すずき</rt></ruby>＿ みんな <ruby>福岡<rt>ふくおか</rt></ruby>に <ruby>住<rt>す</rt></ruby>んで います。
모두 후쿠오카에 살고 있어요.

 새단어

- お<ruby>住<rt>す</rt></ruby>まい 주거
- <ruby>住<rt>す</rt></ruby>む 살다
- <ruby>一戸建<rt>いっこだ</rt></ruby>て 단독주택
- <ruby>一緒<rt>いっしょ</rt></ruby>に 함께
- <ruby>一人暮<rt>ひとりぐ</rt></ruby>らし 혼자 살고 있음
- <ruby>福岡<rt>ふくおか</rt></ruby> <ruby>九州<rt>きゅうしゅう</rt></ruby>의 중심 도시
- <ruby>上野<rt>うえの</rt></ruby> 동경에 있는 지명
- アパート 우리의 연립주택에 준함
- マンション 우리의 아파트에 준함
- <ruby>一人<rt>ひとり</rt></ruby>で 혼자서

✽ お<ruby>住<rt>す</rt></ruby>まいは どちらですか 댁은 어디세요? 어디 사세요

같은 표현으로 どちらに お<ruby>住<rt>す</rt></ruby>まいですか、どこに <ruby>住<rt>す</rt></ruby>んで いますか, お<ruby>宅<rt>たく</rt></ruby>は どちら(どこ)ですか라고도 한다. どこに <ruby>住<rt>す</rt></ruby>んで いますか보다 경어로 どちらに <ruby>住<rt>す</rt></ruby>んで いらっしゃいますか(어디에 살고 계십니까?)라고도 한다. 그 대답으로 <ruby>東京<rt>とうきょう</rt></ruby>です(동경에요)、<ruby>東京<rt>とうきょう</rt></ruby>に <ruby>住<rt>す</rt></ruby>んで います(동경에 살고 있습니다)라고 답한다.

※ **お宅(たく)は マンションですか、一戸建(いっこだ)てですか**
　　댁은 맨션입니까, 단독주택입니까

＊ ～ですか、 ～ですか ～입니까? ～입니까?(둘 중 어느 하나를 선택하는 질문)
○ 山田(やまだ)さんは 学生(がくせい)ですか、会社員(かいしゃいん)ですか。
　(야마다 씨는 학생입니까? 회사원입니까?)
○ 読(よ)んで いるのは 漫画(まんが)ですか、雑誌(ざっし)ですか。
　(읽고 있는 것은 만화입니까? 잡지입니까?)

＊ 일본의 집은 アパート(우리의 연립주택 정도), マンション(우리의 아파트), 一戸建て(단독주택) 등으로 나눌 수 있다. 물론 고층아파트나 단지가 있긴 하지만 アパート는 2층 건물이 많다.

※ **ご家族(かぞく)は どちらに 住(す)んで いらっしゃいますか**
　　가족들은 어디에 살고 계십니까

＊ ～て いらっしゃいますか(～하고 계십니까?)는 ～て いますか(～하고 있습니까?)의 경어 표현이다.
　○ どちらに 住(す)んで いらっしゃいますか。(어디에 살고 계십니까?)
　何(なに)を して いらっしゃいますか。(무얼 하고 계십니까?, 직업에 대한 질문))이고, 이에 대한 대답으로는 ～て います이다.
　○ 会社(かいしゃ)を 経営(けいえい)して います。(회사를 경영하고 있습니다.)

회화_2

吉田_ 金さんは、どこに すんで いますか。
김아미 씨는 어디에 사세요?

金アミ_ 新宿です。
신주쿠예요.

吉田_ 駅から 近いですか。
역에서 가까워요?

金アミ_ はい、近いです。
네, 가까워요.

それで、交通が とても 便利です。
그래서 교통이 매우 편리해요.

吉田_ 部屋は 広いですか。
방은 넓나요?

金アミ_ いいえ、家賃のわりには 広く ないんです。
아뇨, 집세에 비하면 넓지 않아요.

吉田さんの お宅は いかがですか。
요시다 씨 댁은 어떠세요?

吉田_ ちょっと 古い マンションで、2LDKです。
조금 오래된 맨션으로, 2LDK예요.

　　　住むには 居心地が よくて 私には
　　　살기에는 좋아 제게는

　　　ちょうど いい(ぴったり)です。
　　　딱 좋아요(딱이에요).

새단어

- 駅(えき) 역
- とても 매우, 대단히
- 広(ひろ)く ない 넓지 않다
- 古(ふる)い 낡다, 오래 되다 * 新(あたら)しい 새롭다, 새것이다
- 便利(べんり)だ 편리하다 * 不便(ふべん)だ 불편하다
- 居心地(いごこち)が いい(悪(わる)い) 있기에 편하다(거북하다)
- ぴったり 꼭 알맞은 모양, 꼭, 딱
- 広(ひろ)い 넓다 * 狭(せま)い 좁다
- それで 그래서
- 部屋(へや) 방
- お宅(たく) 댁
- 新宿(しんじゅく) 동경에 있는 지명
- 交通(こうつう) 교통
- 家賃(やちん) 집세
- ちょうど 꼭, 마침

❋ それで、交通(こうつう)が とても 便利(べんり)です
　　그래서 교통이 매우 편리합니다

＊それで 그래서(원인이나, 그리고 그 후의 의미를 나타낸다.)
○お酒(さけ)を 飲(の)みすぎて, それで 体(からだ)を 壊(こわ)して しまいました。
　(술을 너무 마셔, 그래서 몸을 망가뜨렸습니다.)
○それで、その後 どうなるんですか。(그래서 그 후엔 어떻게 되는 겁니까?)

❋ いいえ、家賃のわりには　아뇨, 집세에 비해서는

＊～わりに(は)　～에 비해서는(예상보다는 덜하다는 의미를 나타낸다.)
○あの子(こ)は 頑張(がんば)って いるわりには あまり 勉強(べんきょう)が できない。
　(그 애는 노력하고 있는 데 비해서는 그다지 공부를 못한다.)
○金さんは 食(た)べるわりには 太(ふと)りません。
　(김아미 씨는 먹는 데 비하면 살이 안 찝니다.)

❋ 広(ひろ)く ないんです　넓지 않아요

＊～んです 뭔가를 설명할 때의 표현이며, ～んですかは 놀람, 비난, 걱정, 기대 등의 감정을 담은 질문이다.
○どうしたんですか。(무슨 일입니까? 웬일이세요?)(설명을 요하는 어감이 들어 있다.)
○風邪(かぜ)を ひいたんです。(감기가 들었어요.)(설명)

☀ 2LDKです   2LDK입니다

일본 주택은 たたみ(畳)가 깔려 있고 최근에는 서구 스타일도 늘어나고 있으나 다다미방{和室(わしつ)} 하나 정도 갖추어져 있는 것이 보통이다. 2LDK는 주택용어이며, 2는 방의 숫자이고, LDK는 L(거실、Living room) D(식당、Dining room) K(부엌, Kitchen)의 기능이 하나로 되어 있는 집을 말한다. 따라서 2LDK은 방 2개에 거실, 식당, 부엌을 갖춘 집을 말한다. 3DK는 방 3개에 식당과 부엌을 갖춘 집을 의미한다.

☀ 住(す)むには 居心地(いごこち)が よくて 私(わたし)には ちょうど いいです
살기에는 좋아 제게는 딱 좋아요

住(す)むには는 住むのには에서 の가 생략된 표현이다.

*~동사의 기본형のに ~하는데, ~하기에(목적을 나타낸다)

○ テレビは いろいろな ことを 知(し)るのに 便利(べんり)です。

  (TV는 여러 가지를 아는 데 편리합니다.)

여기 ~のに에 조사 は、も가 붙을 수 있는데, 이 경우에 한해서 の를 생략할 수 있다.

○ 日本語(にほんご)を 勉強(べんきょう)するには 日韓辞典(にっかんじてん)と 漢字語辞典(かんじごじてん)が 必要(ひつよう)です。

  (일본어를 공부하는 데는 일한사전과 한자어사전이 필요합니다.)

○ ヨガは 健康(けんこう)だけじゃなくて 心(こころ)を すっきりさせる(の)にも 役(やく)に 立(た)ちます。

  (요가는 건강뿐만 아니라 마음을 맑게 하는 데도 도움이 됩니다.)

3 직업

회화_1

金アミ_ 失礼ですが、お勤めは どちらですか。
실례지만, 어디에 근무하세요? (회사는 어디예요?)

鈴木_ 豊田です。
도요타입니다.

金アミ_ 自動車と ロボットで 有名な あの 会社ですか。
자동차와 로봇으로 유명한 그 회사요?

鈴木_ ええ、そうですが。
네, 그런데요.

金アミ_ 愛知万博での ロボットは すごかったですよ。
아이치만박(만국박람회)에서의 로봇은 대단했어요.

鈴木_ あれは 未来型の 知能ロボットで、産業分野で いろいろな
그건 미래형 지능로봇으로 산업분야에서 여러 가지

役割を 果たすんじゃないかと 思って います。
역할을 다하는 것이 아닌가 하고 생각합니다.

金アミ＿ (会社(かいしゃ)は) どこに ありますか。
　　　　 (회사는) 어디에 있어요?

鈴木＿ 愛知県(あいちけん)の 豊田市(とよたし)に あります。
　　　 아이치현의 도요타시에 있습니다.

새단어

- お勤(つと)め 근무처, 임무
- 自動車(じどうしゃ) 자동차
- 会社(かいしゃ) 회사
- 未来型(みらいがた) 미래형
- 産業(さんぎょう) 산업
- 役割(やくわり)を 果(は)たす 역할을 다하다
- どちら 어느 쪽
- 有名(ゆうめい)だ 유명하다
- すごい 굉장하다, 대단하다
- 知能(ちのう) 지능
- いろいろ 여러 가지
- ロボット 로봇

✽ **お勤(つと)めは どちらですか** 어디에 근무하세요? 회사는 어디예요

회사가 어디냐고 묻는 표현이며, 같은 표현으로 どちらに お勤めですか、
会社(かいしゃ)は どちら(どこ)ですか라고 하기도 한다.

※ **あの 会社ですか 그 회사요**

여기에서 あの는 우리말의 '그'가 된다.

※ **役割(やくわり)を 果(は)たすんじゃないかと 思(おも)って います**
　　역할을 다하는 것이 아닌가 하고 생각하고 있습니다

* ～じゃないかと 思(おも)って います。(～하는 것이 아닌가 하고 생각하고 있습니다.)
○ 韓国(かんこく)の チャプチェは だれでも 食(た)べられるじゃないかと 思って います。
　(한국의 잡채는 누구라도 먹을 수 있는 게 아닌가 하고 생각하고 있습니다.)
○ 韓国(かんこく)の サムルノリは 外国人(がいこくじん)にも きっと 面白(おもい)んじゃないかと 思(おも)って います。
　(한국의 사물놀이는 외국인에게도 틀림없이 재미있는 게 아닌가 하고 생각하고 있습니다.)
○ 役割(やくわり)を 果たすんだろうと 思(おも)って います。
　　(역할을 다할 거라고 생각하고 있습니다.)
* ～だろうと 思って います。(～할 거라고 생각하고 있습니다.)
○ 韓国の チャプチェは だれでも 食べられるだろうと 思って います。
　(한국의 잡채는 누구라도 먹을 수 있는 게 아닌가 하고 생각하고 있습니다.)
○ 韓国の サムルノリは 外国人にも きっと 面白いだろうと 思って います。
　(한국의 사물놀이는 외국인에게도 틀림없이 재미있는 게 아닌가 하고 생각하고 있습니다.)

＊ 한국인이 틀리기 쉬운 そ와 あ

　こ、そ、あ、ど는 아주 기초적인 표현이지만 대화 내용을 듣는 이나 말하는 이가 다 알고 있는 공통의 인물이나 일이라면 '그'를 'あの'로 표현하고, 어느 한 편은 모르는 경우에는 'その'가 된다.

　또 여러 사람에게 다 같이 알려져 있는 일이나 사람을 지칭할 때도 'あの'가 된다.

　이는 'こ、そ、あ、ど'의 관계에서는 모두 마찬가지이다.

A : 今度(こんど) 湯布院(ゆふいん)へ いく ことに しました. 이번 유후인에 가기로 했어요.

B : 湯布院は どんな ところですか. 유후인은 어떤 곳이에요?

A : そこは 九州(きゅうしゅう)に ある 温泉(おんせん)で ちょっと 変(か)わった 温泉だそう
　　です. 거기는 큐슈에 있는 온천으로 좀 색다른 온천이라고 합니다.

B : ああ、あの 温泉のことですか 아, 그 온천입니까.

A : 大長今(デェチャングム)という ドラマを ご存(ぞん)じですか. 대장금이란 드라마를 아세요?

B : それは うわさに なって いる 韓国(かんこく)の ドラマでしょう.
　　그건 소문이 자자한 한국 드라마죠?

회화_2

金アミ_ 吉田さん、どんな お仕事を なさって いるんですか。
요시다 씨, 어떤 일을 하고 계세요?

吉田_ 出版関係の仕事を して います。
출판 관계 일을 하고 있어요.

金アミ_ 最近 不景気だって 聞いて おりますが、いかがですか。
요즘 불경기라고들 하던데, 어떠세요?

吉田_ 大変ですけど、なんとか やって います。
힘들지만, 그럭저럭 해나가고 있어요.

金アミ_ 何を 担当して いらっしゃるんですか。
뭘 담당하고 계세요?

吉田_ 編集を して います。
편집을 하고 있습니다.

새단어

- 仕事(しごと) 일, 업무
- 最近(さいきん) 최근, 요즘
- 大変(たいへん)だ 힘들다
- 担当(たんとう)する 담당하다
- いらっしゃる 계시다, 가시다, 오시다(いる・行く・くるの 존경어)
- 出版(しゅっぱん) 출판, *出版社(しゅっぱんしゃ) 출판사
- 関係(かんけい) 관계
- 不景気(ふけいき) 불경기
- 何(なん)とか 어떻게든
- 編集(へんしゅう) 편집

✳ どんな お仕事(しごと)を なさって いるんですか
어떤 일을 하시고 계십니까

どんな 仕事を して いますか보다 경어 표현이며, なさる(하시다)는 する의 존경이다.
＊참고로 ～で いらっしゃいますか(～이십니까?)는 ～ですか의 존경 표현이고,
～で ございます(～입니다)는 ～です의 공손한 표현이다.

○田中 :   鈴木(すずき)さんの お母(かあ)さんで いらっしゃいますか。
          (스즈키 씨의 어머님이십니까?)
○鈴木さんのお母さん : 鈴木(すずき)の 母(はは)で ございます。
          (네, 스즈키의 에미입니다.)

✳ 不景気(ふけいき)だって 聞(き)いて おりますが
불경기라고 들었습니다만

不景気(ふけいき)だって 불경기라고

* ~って는 인용을 나타내는 と의 축약형으로 不景気だって는 不景気だと의 축약형이다.

* ~て おる는 ~て いる의 겸양 표현으로 격식을 차린 느낌을 준다. 따라서 きいて あります나 うかがって おります(듣고 있습니다)는 きいて います의 공손한 표현이다.

☀ 알아두면 히어링(ヒヤリング)에 능해지는 축약형

대개 축약형은 친하지 않은 관계에서는 거친 느낌을 주어 실례가 되기 십상이지만 여기에 나온 축약형은 일반화된 축약형들이므로 기억해 두자.

*~では → ~じゃ	学生(がくせい)では ありません → 学生(がくせい)じゃ ありません。
*~ては → ~ちゃ	来(き)ては いけません → 来(き)ちゃ いけません
*~なくては → ~なくちゃ	勉強(べんきょう)しなくては いけません → 勉強(べんきょう)しなくちゃ いけません
*~なければ → ~なきゃ	そろそろ 帰(かえ)らなければ → そろそろ 帰(かえ)らなきゃ
*~て いる → ~てる ~でる	して いる → してる (いる에서 い가 탈락) 読(よ)んで いる → よんでる
*~て おく → ~とく ~どく	見(み)て おく → みとく 読(よ)んで おく → 読(よ)んどく
*~て しまう → ~ちゃう、~じゃう	食(た)べて しまう → 食(た)べちゃう 飛(と)んで しまう → 飛(と)んじゃう
*~のだ → ~んだ	おいしいのです → おいしいんです
*~と いう → ~って いう	金さんと いう 人(ひと) → 金さんって いう 人(ひと)
*~と → ~って	不景気(ふけいき)だと 聞(き)いて いる → 不景気(ふけいき)だって 聞いて いる
*~と いうのは → ~って	ブルグンアクマ(赤い悪魔)いうのは 何(なん)でしょうか → ブルグン アクマって なんでしょうか

6

길 묻기

1. 길 묻기 및 안내
2. 길을 잃었을 때

1 길 묻기 및 안내

● 회화_1

^{よしだ}
吉田_ あのう、ちょっと すみません。
저, 잠깐 실례합니다.

^{すずき}
鈴木_ はい、なにか。
네, 무슨?

^{よしだ あさくさ}
吉田_ 浅草は どう いけば いいですか。
아사쿠사는 어떻게 가면 됩니까?

^{すずき あさくさ}
鈴木_ 浅草ですね。
아사쿠사요.

　　　^{うえの　　ちかてつ　　の}
　　　上野で 地下鉄に 乗って ください。
　　　우에노에서 지하철을 타세요.

^{よしだ}
吉田_ どのくらい かかりますか。
어느 정도 걸립니까?

^{すずき}
鈴木_ そうですね。
글쎄요.

　　　^{ちかてつ　やく じゅっぷん}
　　　地下鉄で 約 10分ぐらいだと おもいます。
　　　지하철로 10분 정도일 겁니다.

よしだ
吉田_ そうですか。どうも ありがとうございます。
　　　그래요. 대단히 감사합니다.

 새단어

- 浅草(あさくさ) 동경의 지명
- 地下鉄(ちかてつ) 지하철
- ~に乗(の)る ~을(를) 타다
- かかる 걸리다(시간), 들다(비용)

※ **あのう ちょっと すみません** 저 잠깐 실례합니다

뭔가 용건이 있을 때 흔히 쓰는 표현으로 다른 표현으로는 ちょっと おうかがいします, ちょっと おたずねします(잠시 여쭙겠습니다)라고 해도 된다. 이 두 표현은 あのう ちょっと すみません보다 더 공손한 표현이다. 이에 대한 대답으로는 はい、なんでしょうか(네, 무슨 일이시죠?), はい、何(なん)ですか(네, 뭐죠?), はい、何(なに)か(네, 무슨?) 등이 있다.

※ **上野(うえの)で 地下鉄(ちかてつ)に 乗(の)って ください。**
　　우에노에서 지하철을 타세요.

*~で ~에서(행위가 이뤄지는 장소 표현)

○ 駅前(えきまえ)の 店(みせ)で うどんを たべました。
　(역 앞에 있는 가게에서 우동을 먹었습니다.)

*~に 乗る(~을(를) 타다)이고, バスに 乗って ください보다 더 공손한 표현은 バ

スに お乗りください라고 한다.
- ○新幹線(しんかんせん)に 乗(の)って 京都(きょうと)まで 行って バスに 乗り換(か)えました。(신칸센을 타고 교토까지 가서 버스로 갈아탔습니다.)

✿ **どのくらい かかりますか。어느 정도 걸립니까?**
* くらい(ぐらい) 정도(대충의 분량이나 정도를 나타낸다.)
- ○10人(じゅうにん)ぐらいは 入(はい)れるそうです。(10명 정도는 들어갈 수 있다고 합니다.)
* かかる (시간이) '걸리다' 즉 時間(じかん)が かかる의 의미와 (비용이) '들다'의 의미를 갖고 있다.
- ○1時間(いちじかん)は かかると おもいます。(1시간은 걸릴 거라고 생각합니다.)
- ○日本旅行(にほんりょこう)は 少(すく)なくとも 100万(ひゃくまん)ウォンは かかるでしょう。(일본 여행은 적어도 100만 원은 들겠죠.)

✿ **길을 물을 때 주로 쓰이는 표현으로는**
~は どちら(どこ)ですか。 ~은 어디입니까? = ~は どこに ありますか。(~은 어디에 있습니까?)
- ○どのくらい かかりますか。(어느 정도 걸립니까?)
- ○原宿(はらじゅく)へ いきたいんですが、どう いったら(いけば) いいですか(でしょうか)。(하라쥬쿠에 가고 싶은데 어떻게 가면 될까요?)
- ○地下鉄(ちかてつ)に 乗(の)った ほうが いいです。(지하철을 타는 것이 좋겠습니다.)
- ○ここから とおい(ちかい)ですか。{여기서 멉니까?(가깝습니까?)}
- ○あまり 遠(とお)く(近(ちか)く) ありません。{그다지 멀지(가깝지) 않습니다.}
- ○このへんに デパートが ありますか。(이 근처에 백화점이 있습니까?)

회화_2

<ruby>吉田<rt>よしだ</rt></ruby>_ あのう すみません。
저 실례합니다.

<ruby>田中<rt>たなか</rt></ruby>_ はい、なにか。
네, 무슨?

<ruby>吉田<rt>よしだ</rt></ruby>_ このへんに デパートが ありますか。
이 부근에 백화점 있습니까?

<ruby>田中<rt>たなか</rt></ruby>_ はい、ありますよ。
네, 있어요.

<ruby>吉田<rt>よしだ</rt></ruby>_ どう いけば いいでしょうか。
어떻게 가면 될까요?

<ruby>田中<rt>たなか</rt></ruby>_ あちらの <ruby>角<rt>かど</rt></ruby>を <ruby>右<rt>みぎ</rt></ruby>に<ruby>曲<rt>ま</rt></ruby>がった ところに <ruby>交番<rt>こうばん</rt></ruby>が あります。
저쪽 모퉁이를 오른쪽으로 돈 곳에 파출소가 있습니다.

その<ruby>隣<rt>となり</rt></ruby>に あります(その<ruby>隣<rt>となり</rt></ruby>です)。
그 옆에 있어요.(그 옆이에요)

<ruby>吉田<rt>よしだ</rt></ruby>_ どうも ありがとうございます。
대단히 감사합니다.

새단어

- 辺(へん) 부근, 근처
- デパート 백화점
- 角(かど) 모퉁이
- 曲(ま)がる 돌다
- 角(かど)をまがる 모퉁이를 돌다
- 所(ところ) 장소, 곳
- 交番(こうばん) 파출소
- 隣(となり) 이웃, 옆

✽ どう 行(い)けば いいでしょうか 어떻게 가면 될까요?

* ~ば いいですか(でしょうか) (~하면 될까요? ~하면 좋겠습니까?) 수단이나 방법을 물어보는 표현이다. 다른 표현으로 ~ば よろしいですか(でしょうか)도 있는데 더욱 정중한 느낌을 준다.

○ 先生に おうかがいすれば よろしいでしょうか。(선생님께 여쭤 보면 될까요?)
○ この道を まっすぐ 行けば いいんですか。(이 길을 곧장 가면 됩니까?)

✽ 交番(こうばん) 파출소

역 근처나 번화가의 사거리 등 통행량이 많은 곳에 위치하며, 우리 나라의 파출소와 비슷하지만 권위적이지 않고, 시민에게 매우 친근하므로 부담없이 들어가서 묻고 안내받을 수 있다.

✽ その隣(となり)に あります。 그 옆에 있어요.

隣(となり)는 '이웃, 옆'이란 뜻으로 해석할 수 있지만 우리의 개념하고는 좀 다르므로 주의를 요한다. 우리말에선 이웃이라면 전후좌우를 의미하지만 隣의 의미에는 앞·뒤의 개념은 없고 동종(同種)에 한해서만 표현 가능하다.

○ 隣の部屋(へや) (옆방), 隣の家(いえ) (이웃집, 옆집, 좌우의 이웃집의 의미), 隣の

事務室(じむしつ) (옆 사무실), 隣の建物(たてもの) (옆 건물)

* ～に ～에 (사물이 있는 장소를 나타낸다)

　～に ある、いる (～에 있다) 존재 여부를 표현한다.

○ あのう、すみませんが トイレは どこに ありますか。

　(저 죄송한데요, 화장실은 어디에 있습니까?)

　=あのう、すみませんが、トイレは どこですか。

　(저, 죄송한데요, 화장실은 어디예요?)

*길 안내와 관련 표현

○ 右(みぎ) 오른쪽　　　　　　　○ 右側(みぎがわ) 우측

○ 右に曲(ま)がる 오른쪽으로 돌다　○ 右に曲(ま)がった ところ 오른쪽으로 돈 곳

○ 左(ひだり) 왼쪽　　　　　　　○ 左側(ひだりがわ) 좌측

○ 左に曲がる 왼쪽으로 돌다　　　○ 左に曲がった ところ 왼쪽으로 돈 곳

○ まっすぐ 行(い)く 곧장 가다　　○ 角(かど) 모퉁이

○ 角を 曲がる 모퉁이를 돌다　　 ○ 突(つ)き当(あ)たり=行(ゆ)き止(ど)まり 막다른 곳

○ 隣(となり) 이웃, 옆　　　　　 ○ デパートの向(む)かい 백화점 맞은 편

○ 向こう(건너편)　　　　　　　○ 道(みち)を渡(わた)る 길을 건너다

○ 橋(はし)を渡(わた)る 다리를 건너다　○ 通(とお)る 통과하다

○ 横断歩道(おうだんほどう) 횡단보도　○ 歩道橋(ほどうきょう) 육교

○ 交差点(こうさてん) 사거리　　 ○ 交通標識(こうつうひょうしき) 교통 표지

✽길을 안내할 때 쓰이는 표현

○ どこか お探(さが)しですか。어딜 찾으세요?

○ なにか お困(こま)りですか。무얼 도와드릴까요?

○ どこへ いらっしゃるんですか。어디에 가십니까?

○ お家(うち)の 住所(じゅうしょ)を 見(み)せて もらえますか。집 주소를 보여 주시겠습니까?

○ この 道(みち)を まっすぐ 行(い)って 左(ひだり)に 曲(ま)がって ください。
　이 길을 곧장 가서 왼쪽으로 돌아 주세요.

○ 私も そちらの 方向へ 行きますから ご一緒(いっしょ)いたします。
　저도 그쪽 방향으로 가니까 동행하겠습니다.

2 길을 잃었을 때

🔵 会話_1

吉田_ あのう、すみません。
저 실례합니다.

案内_ はい、何か お困りですか。
네, 뭘 도와드릴까요?

吉田_ 友達の家を探しているんですが、道に迷ってしまって……。
친구 집을 찾고 있는데요, 길을 잃어서요…….

案内_ 家の住所(地図)を 見せて いただけませんでしょうか。
집 주소(약도)를 보여주시겠습니까?

吉田_ はい、これです。
네, 이거예요.

案内_ ここはですね。この みちを まっすぐ いって 次の 角を
여기는요. 이 길을 곧장 가서 다음 모퉁이를

右に 曲がって ください。
오른쪽으로 도세요.

吉田_ 次の角ですね。
다음 모퉁이요.

案内_ はい、それから まっすぐ いくと 横断歩道が あります。
あんない　　　　　　　　　　　　　　　　　　　　　おうだんほどう
네, 그리고 곧장 가면 횡단보도가 있습니다.

吉田_ はい。
よしだ
네.

案内_ その横断歩道を 渡ると 右側に 郵便局が あります。
あんない　　おうだんほどう　わた　　みぎがわ　ゆうびんきょく
그 횡단보도를 건너면 우측에 우체국이 있습니다.

その後ろの家です。
うし　　いえ
그 뒷집입니다.

吉田_ 横断歩道を 渡って 郵便局の 後ろですね。どうも。
よしだ　おうだんほどう　わた　　ゆうびんきょく　うし
횡단보도를 건너서 우체국 뒤요. 감사합니다.

 새단어

- 困(こま)る 곤란하다, 난처하다
- お困(こま)り 곤란함(존경 표현)
- 友達(ともだち) 친구
- 郵便局(ゆうびんきょく) 우체국
- 探(さが)す 찾다
- 道(みち)に 迷(まよ)う 길을 잃다, 길을 헤매다
- ～て しまう ～해버리다
- 住所(じゅうしょ) 주소
- 地図(ちず) 지도, 약도
- 見(み)せる 보여주다
- 次(つぎ) 다음
- それから 그리고 나서
- 横断歩道(おうだんほどう) 횡단보도
- 渡(わた)る 건너다
- 右側(みぎがわ) 우측 * 左側(ひだりがわ) 좌측
- 後ろ 뒤(공간적인)

☆ 何(なに)か お困(こま)りですか。 뭘 도와드릴까요?

뭔가 곤란해 하는 모습을 보고 다가가서 도와주고자 할 때 쓰는 표현이다.
'뭔가 곤란하세요?' 즉 '뭘 도와드릴까요?'의 의미이다.

☆ みせて いただけませんでしょうか。 보여주시지 않겠습니까?

뭔가 해달라고 아주 공손하게 부탁, 의뢰하는 표현으로

* ～て いただけませんか = ～て くださいませんか(～해 줄 수 없겠습니까? 즉,～해 주시겠습니까?)로도 정중하고 공손한 표현인데, 보다 더 정중하게 하고 싶다면 ～て いただけませんでしょうか라고 하며, 편안한 관계에서 정중하게 의뢰하고 싶다면 ～て もらえませんか。(손윗사람이나, 친하지 않은 동년배에겐 곤란)를 써도 된다.

○ 書いて もらえない(くれない)。{써줄 수 없겠니? 써줄래?(손아래나 친한 관계끼리)}

○ 書いて もらえませんか。(써줄 수 없겠어요? 써줄래요?) (편안한 관계)

○ 書いて いただけませんか。{써줄 수 없겠습니까? 써주시겠습니까?(손윗사람, 정중한 자리)}

○ 書いて いただけませんでしょうか。{써주실 수 없겠습니까? 써주시겠습니까?(손윗사람, 정중한 자리)}

☆ まっすぐ 行くと 横断歩道(おうだんほどう)が あります。

곧장 가면 횡단보도가 있습니다.

* ～と ～하면(가정 조건을 나타내며, 가정 조건에 대한 뒷문장이 필연적인 관계를 나타내므로 길 안내, 날씨, 자연의 섭리, 습관적인 일에 주로 많이 쓴다.)

○ 春(はる)に なると 花(はな)が さきます。(봄이 되면 꽃이 핍니다.)

○ この ボタンを 押(お)すと 機械(きかい)が 動(うご)きます。

(이 버튼을 누르면 기계가 움직입니다.)

회화_2

鈴木_ すみませんが、ちょっと おうかがいします。
실례지만, 잠시 여쭙겠습니다.

吉田_ はい。
네.

鈴木_ 秋葉原へ 行きたいんですが、道を 間違えたみたいです。
아키하바라에 가고 싶은데, 길을 잘못 든 것 같습니다.

吉田_ 秋葉原ですか、歩くには 結構 距離が ありますので
아키하바라요? 걷기에는 제법 거리가 되니까

　　　電車に 乗った ほうが いいと おもいますが、
전철을 타는 게 좋을 겁니다만,

鈴木_ ここから 遠いですか。
여기서 멉니까?

吉田_ いいえ、そんなに 遠くは ありません。
아뇨, 그렇게 멀지는 않습니다.

　　　ここから 山手線に のって 2つ目です。
여기서 야마노테선을 타고 두 번째입니다.

すずき　やまのてせん　ふたつめ
鈴木_ 山手線で、2つ目ですね。
야마노테선으로 두 번째군요.

しんせつ
ご親切に ありがとうございます。
친절하게 대해 주셔서 감사합니다.

よしだ
吉田_ いいえ、どういたしまして。
아니오. 천만에요.

새단어

- うかがう 여쭙다(聞(き)く, 尋(たず)ねる의 겸양어)
- 秋葉原(あきはばら) 동경 시내의 지명
- 間違(まちが)える 잘못 알다, 착각하다
- 結構(けっこう) 상당히, 제법
- ～た 方(ほう)が いい ～하는 편이 좋다
- 遠(とお)い 멀다 *近(ちか)い 가깝다 *こんなに 이렇게
- そんなに 그렇게
- どんなに 어떻게
- 山手線(やまのてせん) 전철명(순환선으로 우리의 2호선에 해당하며, 녹색이다.)
- ～目(め) ～째
- ある 되다
- 歩(ある)く 걷다
- 距離(きょり) 거리
- 電車(でんしゃ) 전철
- あんなに 저렇게
- 2つ目(ふたつめ) 2번째
- 親切(しんせつ)だ 친절하다

✽ **すみませんが ちょっと おうかがいします。** 실례지만, 잠시 여쭙겠습니다.

뭔가 물어 보고자 할 때 바로 용건으로 들어가기보다는 이런 표현으로 예의를 갖추다면 훨씬 이야기가 원만하게 이뤄질 것이며, ちょっと すみません(잠깐 실례합니다)보다 정중한 표현이다.

✽ **秋葉原(あきはばら)へ 行(い)きたいんですが、**
　　아키하바라에 가고 싶은데요,

秋葉原(あきはばら)는 동경의 전자상가로 유명한 곳이다.

* ~동사의 ます형 たい ~하고 싶다.(자기의 희망을 나타내는 표현이다.)

~たいと 思(おも)います는 ~たいです보다 완곡한 표현

○ 今年(ことし)は 日本語(にほんご)を 習(なら)いたいと おもいます。
　　{올해는 일본어를 배우고 싶습니다(완곡한 표현).}

○ 「王様(おうさま)の 男(おとこ)」と いう 映画(えいが)が 見たいですね。
　　(「왕의 남자」라는 영화를 보고 싶군요.)

✽ **道(みち)を 間違(まちが)えたみたいです。** 길을 잘못 든 것 같습니다.

* ~みたいです는 ~ようです의 회화적 표현이다.

여성들은 ~みたい 만으로도 많이 쓴다.

○ 山田(やまだ)さんは もう 学校(がっこう)へ 行(い)ったみたいです。
　　(야마다 씨는 벌써 학교에 간 것 같습니다.)

○ 道(みち)に 迷(まよ)ったみたいです。(길을 잃은 것 같습니다.)

✣ **歩(ある)くには 結構(けっこう) 距離(きょり)が ありますので。**
　걷기에는 제법 거리가 되니까.

　* ~동사의 기본형のには '~하는데, ~하기에'이며, 뒤에 조사 は、も가 붙을 경우 앞의 の는 생략할 수 있다. 歩(ある)くにはは 歩くのには에서 の가 생략된 표현이다.

　〇 外国語(がいこくご)を 勉強(べんきょう)する(の)には 辞書(じしょ)が 必要(ひつよう)です。
　　(외국어를 배우는 데는 사전이 필요하다.)

　* 距離(きょり)が ありますので에서 ある는 크기, 거리, 무게, 넓이, 깊이 등과 같이 수량 표현 뒤에서는 '되다'의 의미이다.

　〇 63ビルの 高(たか)さは どのくらい ありますか。
　　(63빌딩의 높이는 어느 정도 됩니까?)

　〇 30キロも ある 岩(いわ)。(30킬로나 되는 바위.)

✣ **ご親切(しんせつ)に ありがとうございます。**
　친절하게 대해 주셔서 감사합니다.

감사하다는 말을 전하고 싶을 때, どうも、どうも ありがとうございます 등만으로도 충분히 감사한 마음을 전할 수 있지만 친절하게 대해줘 고마움을 전하고 싶을 때는 ご親切(しんせつ)に どうも (ありがとうございます), 공손하게 대해줘 감사함을 전하고자 할 때는 ご丁寧(ていねい)に どうも (ありがとうございます)라고 하며, どうも ご丁寧に고도 한다.

7

교통

1. 비행기
2. 전철 · 지하철
3. 기차
4. 택시
5. 버스

1 비행기

회화_1

金アミ_ 搭乗手続きを したいんですが。
   탑승 수속을 하고 싶습니다만.

係員_ はい、パスポートと 航空券を お願いいたします。
   예, 여권과 항공권을 부탁합니다.

金アミ_ 窓側の席を おねがいします。
   창가 쪽 자리를 부탁합니다.

係員_ もうしわけございませんが、
   죄송합니다만,

   通路側の席しか 残って おりません。
   통로 쪽 자리밖에 남아 있지 않습니다.

金アミ_ しようが ないですね。
   할 수 없죠.

係員_ 搭乗券と パスポートです。
   탑승권과 여권입니다.

   ゲートは 25番です。
   게이트는 25번입니다.

金アミ_ 何時(なんじ)に 着(つ)きますか。
　　　　몇 시에 도착합니까?

係員_ 七時半到着(かかりいん しちじはん とうちゃく)の 予定(よてい)です。
　　　　7시 반 도착 예정입니다.

金アミ_ どうも。
　　　　감사합니다.

 새단어

- 搭乗(とうじょう) 탑승
- 手続(てつづ)きをする 수속하다
- 航空券(こうくうけん) 항공권
- 席(せき) 좌석, 자리
- 残(のこ)る 남다
- 搭乗券(とうじょうけん) 탑승권
- 着(つ)く 도착하다
- 予定(よてい) 예정

- 手続(てつづ)き 수속
- パスポート 여권
- 窓側(まどがわ) 창가 쪽
- 通路側(つうろがわ) 통로 쪽
- しょうが ない 할 수 없다(회화에서 많이 씀)
- ゲート 게이트
- 到着(とうちゃく) 도착

※ **窓側(まどがわ)の 席(せき)を おねがいします**
　창가 쪽 자리를 부탁합니다

주문이나 부탁할 때, 주로 おねがいします나 ください라고 하는데 손님에게 대할 때는 더 정중한 표현인 おねがいいたします라고 하는 것이 바람직하다.

※ **通路側(つうろがわ)の 席(せき)しか 残(のこ)って おりません**
　통로 쪽 자리밖에 남아 있지 않습니다

* Aしか 〜ない(부정 수반) A밖에 〜하지 않다, A밖에 안 〜하다
○ 彼(かれ)は コーラしか のみません。(그는 콜라밖에 안 마십니다.)
○ 笑(わら)うしか 方法(ほうほう)は ありません。(웃을 수밖에 방법이 없습니다.)

※ **しょうが ないですね　할 수 없군요**

しよう(仕様)が ない、しかた(仕方)が ない는 '할 도리가 없다, 할 수 없다'는 의미로서 체념할 때 쓴다. しよう(仕様)が ない는 회화에서 주로 많이 쓴다. 'しよう'는 'しょう'라고 발음하기도 한다. しかたが ない는 が를 탈락시키고 しかたない(할 수 없다), しかたないです(할 수 없습니다)라고 하기도 한다.

회화_2

スチュワ-デス_ お飲み物は いかがですか。
음료수 드시겠습니까?

金アミ_ コーヒー、おねがいします。
커피 부탁합니다.

スチュワ-デス_ どうぞ。
여기 있습니다.

金アミ_ 新聞 おねがいできますか。
신문 부탁할 수 있어요?

スチュワ-デス_ 新聞は 韓国のと 日本のと、どちらになさいますか。
신문은 한국 것과 일본 것, 어느 것으로 하시겠습니까?

金アミ_ 韓国の中央日報を もって きて ください。
한국의 중앙일보를 가져다 주세요.

スチュワ-デス_ かしこまりました。しょうしょう お待ちください。
알겠습니다. 잠시 기다려 주십시오.

お客様、どうぞ。
손님, 신문입니다.

| 金アミ | どうも。 |
| | 감사합니다. |

 새단어

- 新聞(しんぶん) 신문
- 待(ま)つ 기다리다
- 飲(の)み物(もの) 마실것, 음료수
- お飲(の)み物(もの) 飲み物의 공손한 표현
- おねがい できる 부탁할 수 있다(おねがい する 가능 표현)
- お客様(きゃくさま) 손님 {お客(きゃく)さん보다 존경 표현}

コーヒー お願(ねが)いします 커피 부탁합니다

뭔가를 주문할 때 おねがいします라고 하거나, コーヒーください(커피 주세요), コーヒーもらえますか(받을 수 있겠습니까? 즉, 커피 주시겠어요?) 또는 コーヒーにします(커피로 하겠습니다) 등으로 표현할 수 있다.

✻ 韓国(かんこく)のと 日本(にほん)のと どちらに なさいますか
한국 것과 일본 것 중에서 어느 것으로 하시겠습니까

* ～と ～と どちらが～ ～과 ～과 어느 쪽이～ (두 가지를 비교할 때는 대상에 상관없이 どちら라는 표현을 써야 한다.)

○ コーヒーと お茶(ちゃ)と どちらが お好(す)きですか。
　(커피와 차 중에서 어느 것을 좋아하세요?)
○ 山本(やまもと)さんと 金さんと どちらが 背(せ)が 高(たか)いですか。

(야마모토 씨와 김씨 중 누가 키가 큽니까?)

＊～(명사)に なさる(～로 하시다)는 ～にする{～로 (정)하다}의 경어 표현이다.

A : お食事(しょくじ)は 何(なに)に なさいますか。(식사는 뭘로 하시겠어요?)

B : カルビタンに します。(갈비탕으로 하겠습니다.)

A : コーヒーと 紅茶(こうちゃ)と どちらに なさいますか。

　　　(커피와 홍차 어느 것으로 하시겠어요?)

B : 紅茶(こうちゃ)(を) ください。(홍차 주세요.)

❈ **かしこまりました**　분부대로 하겠습니다. 즉, 알겠습니다

わかりました의 공손한 표현으로 대개 영업을 하는 곳에서 손님에게 하는 말이다.

❈ **しょうしょう お待(ま)ちください**　잠시 기다려 주세요

しょうしょう는 ちょっと보다 공손한 표현이다.

＊お 동사의 ます형 ください / ご(お) 한자어 ください(～해 주세요)는 ～て ください보다 존경 표현이다

～てください도 예의에 벗어난 표현은 아니지만, 좀더 경의를 표현하고자 할 때는 おます形 ください형을 취하는 것이 좋다.

○ ご住所(じゅうしょ)と お名前(なまえ)を お書きください。

　　(주소와 성함을 써주세요.)

○ ゆっくり お休(やす)み ください。(푹 쉬세요.) ⇒ ゆっくり お休(やす)み ください。

○ どうぞ おすわり ください。(자, 앉으세요.)

✻ **비행기를 이용할 때 주로 많이 쓰이는 표현**

○ 搭乗(とうじょう)ゲートは 何番(なんばん)ですか。(탑승 게이트는 몇 번입니까?)

○ これを 機内(きない)に 持(も)ち込(こ)めますか。(이걸 기내에 가지고 들어갈 수 있습니까?)

○ 何時(なんじ)に 着(つ)きますか。(몇 시에 도착합니까?)

○ 機内(きない)で 免税品(めんぜいひん)が 買(か)えますか。
 (기내에서 면세품을 살 수 있습니까?)

○ 毛布(もうふ) ください(お願(ねが)いします)。{모포 주세요.(부탁합니다)}

○ シートベルトを しっかりとお 締(し)めください。(안전 벨트를 꼭 매주세요.)

○ 手荷物(てにもつ)は いくつ お持(も)ちですか。
 (수하물(짐)은 몇 개 가지고 계세요?)

② 전철・지하철

● 회화_1

金アミ_ すみません。切符売り場は どこですか。
실례합니다. 매표소는 어딥니까?

通行人_ あそこの 自動販売機で 買えますが。
저기 자동판매기에서 살 수 있는데요.

金アミ_ ありがとうございます。
감사합니다.

　　　　(切符売り場で)
　　　　매표소에서

金アミ_ あの、銀座へ 行くのには 何線に のれば いいですか。
저, 긴자에 가는데 무슨 선을 타면 됩니까?

駅員_ まず、中央線に お乗りください。
우선, 중앙선을 타세요.

それから、上野で 銀座線に 乗り換えてください。
그리고, 우에노에서 긴자선으로 갈아타세요.

金アミ_ 中央線は 何番ホームから 出ますか。
ちゅうおうせん なんばん　　　で
중앙선은 몇 번 홈에서 출발합니까?

駅員_ 2番ホームです。
えきいん にばん
2번 홈입니다.

 새단어

- 切符売り場(きっぷうりば) 매표소
- ここ 여기
- そこ 거기
- あそこ 저기
- どこ 어디
- 買(か)う 사다
- 買(か)える 살 수 있다(買う의 가능동사)
- 中央線(ちゅうおうせん) 중앙선(동경전철 노선 이름)
- 上野(うえの) 동경지명
- 銀座線 ぎんざせん (동경지하철 노선명)
- 乗(の)り換(か)える 갈아타다
- 何線(なにせん) 무슨 선
- ホーム 홈
- 銀座(ぎんざ) 동경지명

✽ **すみません　실례합니다**

사과할 때 표현이기도 하지만 여기서는 '실례합니다'의 의미로 지나가는 행인에게 뭔가를 물어볼 때나, 용건이 있는 창구에서 담당계원을 부를 때도 쓴다.

○ すみません。総務課(そうむか)は 何階(なんがい)ですか。(실례합니다. 총무과는 몇 층입니까?)

※ **何線に 乗れば いいですか**　무슨 선을 타면 됩니까

(교통수단) ~に のる　~을(를) 타다

* ~ば いいですか(~하면 됩니까?)

○銀座(ぎんざ)へ 行きたいんですが、どう 行けば いいですか。
　　(긴자에 가고 싶은데요, 어떻게 가면 됩니까?)

※ **お乗(の)りください**　타세요

* お 동사의 ます형 くださる、ご(お) 한자어 くださる(~해 주시다)는 ~て くださる의 존경 표현이며,

○お待(ま)ちくださるよう お伝(つた)えください。(기다려 주시도록 전해 주세요.)
○お電話くださるよう、おねがい いします。(전화 주시도록 부탁드립니다.)
○ご連絡(れんらく)くださいまして ありがとうございます。(연락 주셔서 감사합니다.)

* お 동사의 ます형 ください、ご(お) 한자어 ください는 お동사의 ます형 くださる、ご(お) 한자어 くださる의 명령 표현이다.

○どうぞ おすわりください。(자 앉으세요.)
○ご注意(ちゅうい)ください。(주의해 주세요.)

※ **何番(なんばん)ホームから でますか**　몇 번 홈에서 출발합니까

* ~명사から ~(로)부터, ~에서(출발점을 나타낸다)

　~から~まで ~에서 ~까지

○ソウルからですと 2時間(にじかん)ぐらい かかりますね。
　　(서울에서라면 2시간 정도 걸려요.)
○2006年(ねん)から あと 10年間(ねんかん)は 大丈夫(だいじょうぶ)です。
　　(2006년부터 앞으로 10년간은 괜찮습니다.)

7. 교통_149

회화_2

金アミ_すみません。お台場へ 行きたいんですが、
실례합니다. 오다이바에 가고 싶은데요,

何に 乗れば いいんですか。
뭘 타면 됩니까?

通行人_そうですね。山手線に 乗って 新橋まで 行って ください。
글쎄요. 야마노테선을 타고 신바시까지 가세요.

そこで ゆりかもめに 乗り換えれば いいんです。
거기서 유리카모메로 갈아타면 됩니다.

金アミ_新橋から ゆりかもめですね。
신바시에서 유리카모메요.

通行人_はい、そうです。
네, 그래요.

金アミ_どのくらい かかりますか。
어느 정도 걸립니까?

通行人_約 20分ぐらい かかると 思います。
약 20분 정도 걸릴 겁니다.

金アミ_どうも、ご親切に ありがとうございます。
친절하게 대해 주셔서 감사합니다.

새단어

▮ お台場(だいば) 동경의 임해 부도심 ▮ ゆりかもめ お台場(だいば)에 가는 무인 교통수단 ▮ 新橋(しんばし) 동경 지명(ゆりかもめ를 탈 수 있는 곳)

✲ **すみません、お台場(だいば)へ 行(い)きたいんですが**
　~실례합니다, 오다이바에 가고 싶은데요

＊すみません。~へ いきたいんですが~는 ~에 가고 싶은데 어떻게 하면 되는지를 물을 때 쓰는 표현이다.

○すみません。新宿(しんじゅく)へ 行(い)きたいんですが、どう 行けば(行ったら)いいんですか。(실례합니다. 신쥬쿠에 가고 싶은데요, 어떻게 가면 됩니까?)

○すみません。東京大学(とうきょうだいがく)へ 行(い)きたいんですが、どこで 降(お)りた ほうが いいですか。

(실례합니다. 동경대학에 가고 싶은데요, 어디서 내리는 것이 좋습니까?

＊장소를 묻고자 할 때 すみません(が)、~は どこですか(どこでしょうか) '실례지만 ~는 어디입니까?'라고 한다.

○すみませんが、切符売り場(きっぷうりば)は どこですか。

(실례지만, 매표소는 어디입니까?)

○すみませんが、歌舞伎座(かぶきざ)は どこでしょうか。

(실례지만, 가부키극장은 어디입니까?)

✲ **그 밖에 쓸 수 있는 표현**

○東京駅(とうきょうえき)まで どのくらい かかりますか(かかるんですか)。

(동경역까지 어느 정도 걸립니까?)

○ 次(つぎ)の 電車(でんしゃ){地下鉄(ちかてつ)、汽車(きしゃ)}は 何時(なんじ)に 出(で)ますか。{다음 전철(지하철, 기차)는 몇 시에 출발합니까?}

○ 何分(なんぷん)おきに 出(で)ますか。(몇 분 간격으로 출발합니까?)

○ 池袋(いけぶくろ)まで いくらですか。(이케부쿠로까지 얼마입니까?)

○ {〜行(ゆき)の 地下鉄(ちかてつ)汽車(きしゃ)は どこで 乗(の)りますか。}
　{〜행 지하철(기차)은 어디에서 탑니까?}

○ 〜への 出口(でぐち)入(い)り口(ぐち))は どちらですか。
　〜로 (나)가는 출구(입구)는 어느 쪽입니까?

○ 銀座(ぎんざ)へ 行くには 何線(なにせん)に 乗れば いいんですか。
　(긴자에 가는 데 무슨 선을 타면 됩니까?)

○ まず、中央線(ちゅうおうせん)に 乗って ください。(우선 중앙선을 타세요.)

○ 上野(うえの)で 銀座線(ぎんざせん)に 乗り換(か)えて ください。
　(우에노에서 긴자선으로 갈아타세요.)

○ 오다이바(お台場)는 동경의 임해부도심 지역으로, 국제 전시장인 빅사이트와 다이바 해변공원과 레인보우 브릿지의 멋진 야경 등을 볼 수 있다. 중세 유럽풍의 쇼핑가인 'Venus Fort'와 도요타 자동차 전시장인 'Mega Web', 상점과 레스토랑이 밀집되어 있는 Decks Tokyo 등이 있으며, 후지TV 본사 빌딩, 선박 과학관, 에도 시대 온천을 테마로 한 오오에도 온천이야기(大江戸 温泉物語) 등이 있는 곳으로 많은 사람들에게 각광을 받고 있다.

○ '유리카모메'란 임해 부도심 지역에 새롭게 등장한 무인 교통 시스템으로 공중에 건설된 고가레일을 따라 무인 자동으로 운행되고 있는 교통 수단이다. お台場에 가기 위해서는 신바시(新橋)에서 유리카모메를 이용해야 한다. 유리카모메 1일 프리패스는 800엔.

3 기차

● 회화_1

金アミ_ 大阪までは 何に 乗った ほうが いいですか。
오사카까지는 뭘 타는 것이 좋습니까?

駅員_ 新幹線に 乗った ほうが いいと 思います。
신칸선을 타는 것이 좋을 겁니다

金アミ_ では、新幹線の 切符、大人 2枚と 子供 2枚 ください。
그럼, 신칸선 티켓, 어른 2장 어린이 2장 주세요.

駅員_ のぞみ、ひかり、こだまの どれに しますか。
노조미, 히카리, 고다마 중 뭘로 하시겠습니까?

金アミ_ それは どう ちがいますか。
그것들은 어떻게 다릅니까?

駅員_ のぞみは 一番 速い 新幹線です。
노조미는 가장 빠른 신칸선입니다.

ひかりは 重要な 駅にだけ 停車する 快速の 新幹線で、
히카리는 주요 역만 정차하는 쾌속 신칸선이고,

こだまは 各駅(かくえき)の 新幹線(しんかんせん)です。
고다마는 각 역에 정차하는 신칸센입니다.

金アミでは、のぞみの 切符(きっぷ)をください。
그럼, 노조미를 주세요.

📖 새단어

- 大阪(おおさか) 오사카
- 新幹線(しんかんせん) 신칸선
- 切符(きっぷ) 표
- 大人(おとな) 어른
- 子供(こども) 어린이
- これ 이것
- 速(はや)い 빠르다 * 遅(おそ)い 느리다, 늦다
- それ 그것
- あれ 저것
- どれ 어느 것
- 違(ちが)う 다르다
- 快速(かいそく) 쾌속
- 重要(じゅうよう)だ 중요하다 = 大切(たいせつ)だ
- 停車(ていしゃ)する 정차하다
- 一番(いちばん) 가장, 제일
- 各駅(かくえき) = 各駅停車(かくえきていしゃ) 각 역 정차
- 大事(だいじ)だ 중요하다
- 駅 역
- だけ 뿐, 만 (한정)
- のぞみ・ひかり・こだま 신칸센의 이름

✽ **新幹線(しんかんせん)に 乗(の)った ほうが いいと 思(おもい)います**
　신칸센을 타는 편이 좋을 겁니다

＊ ~た ほうが いい (~하는 편이 좋다) 권유나 어드바이스해 줄 때 쓰는 표현으로 손윗사람에게는 ~た 方(ほう)が いいと 思(おも)いますが 라고 완곡하게 표현하는

것이 바람직하다.

- 健康(けんこう)のため ご飯(はん)は ちゃんと 食(た)べた ほうが いいと おもいます。(건강을 위해, 밥은 제대로 먹는 편이 좋을 겁니다.)
- 告白(こくはく)した 方(ほう)が いいと 思(おも)いますが いかがでしょうか。
  (고백하는 것이 좋다고 생각합니다만 어떠십니까?)
- 風邪(かぜ)を ひいた 時(とき)は ゆっくり 休(やす)んだ 方(ほう)が いいです。
  (감기가 들었을 때는 푹 쉬는 편이 좋습니다.)
- 地下鉄(ちかてつ)に 乗(の)った 方(ほう)が いいです。
  (지하철을 타는 편이 좋습니다.)

✻ 枚(まい) 장

얇고 넓은 것을 세는 단위. 종이, 유리, 접시, 티켓, 와이셔츠, 손수건 등

- 1枚(いちまい)   - 2枚(にまい)   - 3枚(さんまい)
- 4枚(よんまい)   - 5枚(ごまい)   - 6枚(ろくまい)
- 7枚(ななまい)   - 8枚(はちまい)   - 9枚(きゅうまい)
- 10枚(じゅうまい) - 何枚(なんまい) 몇 장

※신칸센역과 일반역 구분

도쿄(東京), 교토(京都), 나고야(名古屋), 하카타(博多)역 등은 일반선과 신칸센이 동시에 서는 역이지만, 그 밖의 다른 역은 신칸센역이 별도로 건설되어 있어 일반역과 구분된다. 신칸센역은 신(新)자를 앞에 붙여서 일반 역과 구분하고 있다.

예를 들어 新大阪駅이라면 신칸센 大阪駅이라는 의미이다.

회화_2

(駅で) 역에서

金アミ_あのう、すみません。緑の窓口は どこ（どちら）ですか。
저, 실례합니다. 미도리노마도구치(녹색 창구)는 어디죠?

通行人_ええと、駅の右側です。
음, 역 우측입니다.

金アミ_どうもありがとうございました。
대단히 감사합니다.

(緑の窓口で) 녹색 창구에서

金アミ_京都へ 行きたいんですが、何時のが ありますか。
교토에 가고 싶은데요, 몇 시 것이 있습니까?

駅員_ 今からですと 3時半出発のひかりが ありますが。
지금이라면 3시 반 출발의 히카리가 있는데요.

金アミ_何時ごろ 着きますか。
몇 시쯤 도착합니까?

駅員_ 6時に 着く予定です。
6시 도착 예정입니다.

金アミ_ じゃ、往復を お願いします。
　　　　그럼, 왕복을 부탁합니다.

駅員_ 3時半出発のひかり、往復ですね。
　　　　3시 반 출발의 히카리, 왕복이군요.

金アミ_ はい。
　　　　네.

새단어

- 緑(みどり)の窓口(まどぐち) 녹색 창구(신칸센 등의 철도 예약 등 철도 관련 창구)
- 右側(みぎがわ) 우측 * 左側(ひだりがわ) 좌측
- 京都(きょうと) 교토(일본 도시명)
- 往復(おうふく) 왕복 * 片道(かたみち) 편도
- 出発(しゅっぱつ) 출발
- 予定(よてい) 예정

○ 新幹線

　신칸센은 1964년 개통된 東海道新幹線(とうかいどう しんかんせん)을 비롯, 1982년 개통된 東北新幹線(とうほくしんかんせん) 그리고, 上越新幹線(じょうえつしんかんせん), 三陽新幹線(さんよう しんかんせん)과 그 외에 미니신칸센인 秋田(あきた)新幹線, 山形(やまがたた)新幹線, 長野(ながの)新幹線 등이 있다. 이들은 시속 20㎞ 이상의 초스피드로 운행하고 있기 때문에 '열차 제어 자동 장치'를 갖추고 교차하는 모든 도로 및 철도와는 입체 교차함으로써 건널목을 설치하지 않고 운행하고 있다.

4 택시

会話_1

運転手_ いらっしゃいませ。お客さん、どちらまで。
어서오세요. 손님, 어디까지 가세요?

金アミ_ この住所まで おねがいします。
이 주소까지 부탁합니다.

運転手_ はい、わかりました。/ かしこまりました。
네, 알겠습니다.

金アミ_ すみませんが、すこし 急いでください。
죄송한데요, 좀 빨리 가주세요.

運転手_ はい。
네.

金アミ_ あの 角の ところで とめてください。
저 모퉁이에 세워주세요.

運転手_ ここで いいですか。
여기면 되겠습니까?

金アミ_ はい、いくらですか。
네, 얼마입니까?

うんてんしゅ
運転手_ 1200円です(に なります)。
　　　　1200엔입니다.

金アミ_ どうも。
　　　　감사합니다.

 새단어

- お客(きゃく)さん 손님(좀더 경어로 お客様(きゃくさま))
- 急(いそ)ぐ 서두르다
- 止(と)める 세우다
- いくら 얼마

✽ **この住所(じゅうしょ)まで おねがいします 이 주소까지 부탁합니다**

일본 택시는 지리를 잘 모를 때 가고자 하는 주소를 주며 부탁하면 친절하게 목적지까지 안내를 해준다. この住所(じゅうしょ)まで お願(ねが)いします 또는 この住所(じゅうしょ)まで 行(い)って ください(이 주소까지 가 주세요)라고 한다.

　○新宿(しんじゅく)まで お願(ねが)いします(行ってください)。
　　{신주쿠까지 부탁합니다(가 주세요)}.

　○東京タワーまで お願いします(行ってください)。
　　{도쿄타워까지 부탁합니다(가 주세요)}.

7. 교통_159

※ **あの 角(かど)の ところで 止(と)めて ください**
　저 모퉁이에 세워 주세요

＊～で 止(と)めて ください(～에 세워 주세요). 다른 표현으로는 ～で 降(お)ろして ください(～에서 내려주세요)라고 하면 된다.
○駅前(えきまえ)で 降ろして ください。(역 앞에서 내려주세요.)
○駅前で 止めて ください。(역 앞에서 세워 주세요.)
○あそこの 左側(ひだりがわ)で 止(と)めて ください。(저기 좌측에서 세워 주세요.)
○あの 角の ところで 止めて ください。(저 모퉁이에서 세워 주세요.)

※ **ここで いいですか　여기면 되겠습니까**

＊～で いいですか ～면 되겠습니까? ～면 괜찮겠습니까?
상대방에게 허락을 구하는 표현이며, 더 정중한 표현으로는 ～で よろしいですか、～で よろしいでしょうか。라고 한다.
○(바에서) お酒(さけ)は 水割(みずわ)りで よろしいでしょうか。
　(술은 미즈와리면 되겠습니까?)
○(기차표 예약할 때)11時の のぞみで よろしいですか。
　(11시 노조미면 되겠습니까?)

※ **はい、いくらですか　네, 얼마입니까**

돈을 지불할 때 얼마냐고 물을 때 いくらですか라고 하며, 좀더 품위있게 표현할 때는 おいくらですか라고 한다. 친한 사이에서는 おいくら? いくら?라고만도 한다.

회화_2

お客_ あのう、すみません。タクシー乗り場は
저, 실례합니다. 택시 승차장은

どこですか。
어디에 있습니까?

通行人_ あの 左側の 白い ビルが 見えるでしょう。
저기 왼쪽 흰 빌딩이 보이시죠?

お客_ はい。
네.

通行人_ あのビルの 前です。
저 빌딩 앞에 있습니다.

お客_ どうも。
감사합니다.

お客_ 日比谷公園まで 行って ください。
히비야공원까지 가 주세요.

運転手_ はい、分かりました。
네, 알겠습니다.

새단어

- タクシー乗(の)り場(ば) 택시 승차장
- 見(み)える 보이다
- 日比谷公園(ひびやこうえん) 도쿄에 있는 공원
- ビル 빌딩 *ビール 맥주
- 前(まえ) 앞 *後(うし)ろ 뒤

✼ **タクシー乗(の)り場(ば)は どこですか** 택시 승차장은 어디에 있습니까

タクシー乗り場は どこに ありますか라고 해도 된다. 어떤 장소를 물을 때는 *~は どこですか、또는 ~は どこに ありますか라고 묻는다. 좀더 정중하게는 ~は どちらでしょうか라고 한다.

- バス停(てい)は どこですか(どこに ありますか)。
  (버스 정류장은 어디에 있습니까?)
- さくら銀行(ぎんこう)は どこですか(どこに ありますか)。
  (사쿠라 은행은 어디에 있습니까?)

✼ **あの左側(ひだりがわ)に 白(しろ)い ビルが 見(み)えるでしょう**
   저기 왼쪽 흰 빌딩이 보이시죠

*~でしょう ~하지요? ~하죠?{상대방에게 재확인하는 어감을 전한다(억양을 올린다)}

- 鈴木(すずき)さんは 韓国(かんこく)の 友達(ともだち)が 多(おお)いでしょう。
  (스즈키 씨는 한국 친구가 많지요?)
- 面白(おもしろ)そうですね。金さんも やって 見(み)たいでしょう。
  (재미있어 보이네요. 김씨도 해 보고 싶으시죠?)

162

5 버스

金アミ　バス停は どこですか。
버스 정류장은 어디에 있습니까?

通行人 1_あの デパートの 前です。
저 백화점 앞에 있습니다.

金アミ　ありがとうございます。
고맙습니다.

（バス停で）버스 정류장에서

金アミ　池袋行のバスは 何番ですか。
이케부쿠로행 버스는 몇 번입니까?

通行人 2_25番です。
25번입니다.

（バスが くる）버스가 오다

金アミ　すみません、この バスは 池袋に とまりますか。
실례합니다, 이 버스는 이케부쿠로에 갑니까(섭니까)?

運転手_はい、とまりますよ。
네, 갑니다.

金アミ_ 池袋まで いくらですか。
いけぶくろ
이케부쿠로까지 얼마입니까?

運転手_ 200円です。
うんてんしゅ
200엔입니다.

金アミ_ 何分ぐらい かかりますか。
なんぷん
몇 분 정도 걸립니까?

運転手_ 約 25分ぐらい かかると おもいます。
うんてんしゅ やく にじゅうごふん
약 25분 정도 걸릴 겁니다.

 새단어

- バス停(てい) 버스 정류장 ＊バス乗(の)り場(ば) 버스 승차장
- デパート 백화점
- 池袋行(いけぶくろゆき) 이케부쿠로행
- 何番(なんばん) 몇 번
- 止(と)まる 서다, 멈추다
- 池袋(いけぶくろ) 도쿄지명

✱ **池袋行(いけぶくろゆき)のバスは 何番(なんばん)ですか**
　이케부쿠로행 버스는 몇 번입니까

＊～行(ゆき) ～행, 교통 수단의 행선지를 말한다.
東京駅行(とうきょうえきゆき) 동경역행, 成田空港行(なりたくうこうゆき) 나리타공항행

※ この バスは 池袋(いけぶくろ)に とまりますか

이 버스는 이케부쿠로에 갑니까(섭니까)

*~に 止(と)まりますか~에 섭니까? 즉, ~에 갑니까? = ~へ いきますか(~에 갑니까)라고도 한다.

○ このバスは 新村駅(シンチョンえき)に 止(と)まりますか。

　(이 버스는 신촌역에 갑니까?)

○ セマウル号(ごう)は 大田駅(テジョンえき)に 止まりますか。

　(새마을호는 대전역에 갑니까?)

※ **관련 표현**

○ リムジンバスは 何分(なんぷん)おきに でますか。

　(리무진 버스는 몇 분 간격으로 출발합니까?)

○ ~までは どのくらい かかりますか。(~까지는 어느 정도 걸립니까?)

○ (歩(ある)いて)15分ぐらい かかると 思(おも)います。

　{(걸어서) 15분 정도 걸릴 거라고 생각합니다.}

○ あと30分で 着(つ)きます。앞으로 30분이면 도착합니다.

○ このバスは 新宿行(しんじゅくゆき)ですか。(이 버스는 신주쿠행입니까?)

○ 東京駅行(とうきょうえきゆき)の バス乗(の)り場(ば)は どこですか。

　(도쿄역행 버스 승차장은 어디입니까?)

8

쇼핑

1. 물건 사기

2. 계산하기

3. 물건값 깎기

4. 반품 및 교환

1 물건 사기

회화_1

店員_ いらっしゃいませ。何か お探しですか。
　　　오서 오십시오. 뭘 찾으세요?

金アミ_セ-タ-を 買いたいんですが。
　　　스웨터를 사고 싶은데요.

店員_ セ-タ-は こちらに ございますが。
　　　스웨터는 이쪽에 있습니다만.

金アミ_あれを みせて くれませんか。
　　　저걸 보여 주시겠어요?

店員_ はい、どれですか。
　　　네, 어느 것이죠?

金アミ_あの 赤い セ-タ-です。
　　　저 빨간 스웨터요.

店員_ はい、どうぞ。
　　　네, 여기 있습니다.

金アミ_ほかに どんな いろが ありますか。
　　　그 밖에 어떤 색이 있습니까?

店員_ きいろと ピンクが ございます。
노란색과 핑크가 있습니다.

金アミ_ちょっと 試着して みても いいですか。
잠깐 입어 봐도 됩니까?

店員_ はい、試着室は こちらで ございます。
네, 탈의실은 이쪽입니다

金アミ_どうですか。似合いますか。
어떠세요? 어울리나요?

店員_ 本当に よく お似合いですね。
정말 잘 어울리시네요.

金アミ_じゃ、これに します。
그럼, 이것으로 하겠습니다.

 새단어

┃探(さが)す 찾다　　　┃セーター 스웨터　　┃買(か)う 사다
┃ござる 있다(あるの 공손한 표현)　┃くれる 주다 *くださる 주시다
┃見(み)せる 보여주다　┃赤(あか)い 빨갛다　┃こんな 이러한

- そんな 그러한
- あんな 저러한
- どんな 어떠한
- 黄色(きいろ) 노랑, 노란색
- ピンク 핑크
- 試着(しちゃく)する 입어보다
- 試着室(しちゃくしつ) 입어 보는 곳, 탈의실
- 似合(にあ)う 어울리다.
- ～に する ～으로 (정)하다

✱ いらっしゃいませ 어서 오십시오

영업을 하는 곳에서 주로 손님을 맞이할 때 쓴다. 집에 손님이 올 때는 いらっしゃい(어서 오세요) 정도로 표현하면 된다.

✱ セーターは こちらに ございますが 스웨터는 이쪽에 있습니다만

*ござる는 ある의 공손한 표현으로 점원이 손님에게 공손하게 표현한 것이다.
○黄色(きいろ)と ピンクが ございます。(노란색과 핑크가 있습니다.)

✱ あれを 見(み)せて くれませんか 저걸 보여 주시겠습니까

*～て くれませんか ～해 주지 않겠습니까? 즉, ～해 주시겠습니까?
이보다 경어 표현은 ～て くださいませんか이다. 따라서 윗사람에게는 ～て くださいませんか를 써야 한다. 표현을 달리하면 (～に) ～て もらえませんか나 (～に) ～て いただけませんか도 같은 의미를 전달할 수 있다. 뭔가를 해 달라는 표현인 ～て ください(～해 주세요)도 쓸 수 있겠지만, 명령 표현이므로 윗사람에게는 ～て くださいませんか나 ～て いただけませんか를 쓴다면 더욱 공손한 느낌을 줄 수 있다. 여기서는 손님이 가게 직원에게 하는 말이므로 무난하다.

✳ 試着(しちゃく)して みても いいですか 입어 봐도 되겠습니까

＊～ても いいですか(～해도 됩니까?)는 허락을 구하는 표현이다. 이에 대한 대답으로는 はい、どうぞ(네, 그러세요)라고 하거나 はい、いいですよ(네, 됩니다, 좋습니다) 또는 はい、～ても いいですよ(네, ～해도 됩니다)라고 허락하는 대답을 하면 무난하다.

A : あのう、これ、ちょっと 使(つか)っても いいですか。(저, 이거, 잠시 사용(써)해도 되나요?)

B : はい、どうぞ。(네, 쓰세요.)

A : すみません。ピザ 食べても いいですか。(죄송한데요. 피자 먹어도 됩니까?)

B : はい、いいですよ。(네, 좋아요.)

A : この本 ちょっと 読んでも いいですか。(이 책 잠시 읽어도 됩니까?)

B : はい、よんでも いいですよ。(네, 읽어도 됩니다.)

＊다른 표현

○～ても よろしいですか。(～해도 괜찮습니까?)

○～ても かまいませんか。(～해도 상관없습니까?)

＊대답 표현

○はい、どうぞ。(네, 그러세요.)

○はい、いいです(よろしいです、かまいません)。(네, 됩니다(괜찮습니다, 상관없습니다).)

○はい、～ても よろしいです。(네, ～해도 괜찮습니다.)

○はい、～ても かまいません。(네, ～해도 상관없습니다.)

☆ 試着室(しちゃくしつ)は こちらで ございます   탈의실은 이쪽입니다

* ～で ございます(～입니다)는 ～です의 공손한 표현이며, ～で いらっしゃいますか(～이십니까?)는 ～ですか(～입니까?)의 존경 표현이다.

윗 문장은 점원이 손님에게 공손하게 말하는 표현이다.

山田： 　　　木村(きむら)さんの お母(かあ)さんで いらっしゃいますか。
　　　　　　　(기무라 씨의 어머님이십니까?)

木村さんの母： はい、木村(きむら)の 母(はは)で ございます。(네, 기무라의 에미입니다)

会社の人： 　　はい、マルグンチャンで ございます。(네, 맑은창입니다.)

お客： 　　　　山田部長 おねがいします。(야마다 부장님 부탁합니다.) (전화에서)

☆ 本当(ほんとう)に よく お似合(にあ)いですね   정말로 잘 어울리시는군요

경어 표현의 한 방법에는

お동사의 ます形 です(～하십니다), お 동사의 ます形 ですか(～하십니까?)

お형용사 사전형です(～하십니다), お형용사 사전형ですか(～하십니까?)

お な형용사의 어간 です(～하십니다), お な형용사의 어간 ですか(～하십니까?)가 있다.

何(なに)か お探(さが)しですか(뭘 찾으십니까?), お若いですね(젊으시군요.) お好きですか(좋아하십니까?) 등으로, 흔히 표현하는 ～ます、～です보다 좀더 경어 표현이다.

○ 형용사： 　おわかいですか。(젊으십니까?)

　　　　　　　お忙しいです。(바쁘십니다), おいそがしいですか。(바쁘십니까?)

○ な형용사： お元気ですか。(건강하십니까?)

○ 동사： 　　おありですか。(있으십니까?)

　　　　　　　お持ち帰りですか。{포장이십니까? (패스푸드점 등에서) 즉, take out입니까?}

172

회화_2

お客_ すみません。この靴、いくらですか。
실례합니다. 이 구두 얼마예요?

店員_ 6千円で ございます。
6000엔입니다.

お客_ 高すぎますね。もう 少し 安いのは ありませんか。
너무 비싸군요. 좀더 싼 것은 없습니까?

店員_ これは 4千5百円で ございますが、いかがでしょうか。
이건 4500엔인데요, 어떠세요?

お客_ 色も デザインも ちょうど いいですね。
색도 디자인도 딱 좋네요.

履いて みてもいいですか。
신어 봐도 되나요?

店員_ はい、どうぞ。
네, 그러세요.

お客_ ちょっと きついようですね。
좀 꼭 끼는 것 같아요.

ワンサイズ 大きいのを おねがいします。
한 사이즈 큰 것을 주세요.

店員_ サイズは。
사이즈는요?

お客_ 23.5(にじゅうさんてんご)です。
23.5예요.

店員_ 23.5ですね。もう すぐ お持ちいたしますので、
23.5요? 곧 가져올 테니까,

少々 お待ちください。
잠시 기다려 주세요.

새단어

- 高(たか)すぎる 너무 비싸다
- 少(すこ)し 조금
- 安(やす)い 싸다
- 色(いろ) 색
- デザイン 디자인
- ちょうど 꼭, 마침, 알맞게
- 履(は)く 신다
- きつい 꼭 끼다
- ワンサイズ 한 사이즈
- サイズ 사이즈
- お持(も)ちいたす 가지고 오다(おもちする보다 더욱 겸손한 표현)

※ この靴(くつ)、いくらですか　이 구두 얼마입니까

＊〜いくらですか(〜 얼마입니까?) 가격을 묻고자 할 때, 또는 지시하면서 いくらですか(얼마입니까?)라고 묻는다. 좀더 품위 있게 표현하고자 할 때는 おいくらですか、おいくら(얼마죠?)라고 하기도 하는데, 이는 주로 여성들이 표현한다.

※ 高(たか)すぎますね　너무 비싸군요

＊〜すぎる는 복합어로 '너무 〜하다, 지나치게〜하다'(정도가 과함을 표현을 하고자 할 때)

＊동사의 ます形 +すぎる、형용사・な형용사의 어간 +すぎる라고 한다.
　○飲(の)みすぎる(과음하다) ○よすぎる(너무 좋다) ○派手(はで)すぎる(너무 화려하다)
　○夕(ゆう)べ テレビを 見(み)すぎて 目(め)が 赤(あか)く なりました。
　　(어젯밤 TV를 너무 봐서 눈이 빨개졌습니다.)
　○疲(つか)れすぎる(너무 피곤하다, 너무 지치다)
　○食(た)べすぎる(과식하다)　○見(み)すぎる(너무 많이 보다)　○(はたら)きすぎる
　　(너무 일하다, 과로하다)
　○高(たか)すぎる(너무 비싸다, 너무 높다)　○暗(くら)すぎる(너무 어둡다)
　○静(しず)かすぎる(너무 조용하다)　　○地味(じみ)すぎる(너무 수수하다)
　○お酒(さけ)を 飲(の)みすぎて 頭(あたま)が 痛(いた)いです。(과음해서 머리가 아파요.)
　○あの帽子(ぼうし) ちょっと 派手(はで)すぎるんじゃありません。
　　(저 모자 좀 너무 화려한 것 아네요?)
　○人(ひと)が よすぎて 困(こま)る 時(とき)も あります。
　　(사람이 너무 좋아서 곤란할 때도 있어요.)

※ **もう 少(すこ)し 安(やす)いの(もの)は ありませんか**
　좀더 싼 것은 없습니까

　좀 싼 것을 찾고자 할 때, 쓰는 표현으로 다른 표현으로는 もっと やすいのは ありませんか(더 싼것은 없습니까), もう少(すこ)し 安(やす)いものを 見せて ください (좀더 싼 것을 보여 주세요)라고도 한다.

※ **すぐ お持(も)ち いたしますので 곧 가져올 테니까**

　경어 표현에는 존경어, 겸양어, 정중어를 통해서 상대방에게 경의를 나타내는데, 여기서는 겸양 표현이다. 겸양 표현은 특별 겸양어가 있고, 그 외의 방법으로는 お동사의 ます形 する(いたす), ご(お)한자어 する(いたす) (~하다(하겠다), (윗사람에게) ~해드리다)를 이용한 겸양 표현이다. する의 겸양 표현이 いたす이므로, お동사의 ます形 する보다 お동사의 ます形 いたす가 더욱 겸양 표현이다.

　○ お願(ねが)いします、お願い致(いた)します。(부탁드립니다.)
　○ ご案内(あんない)します、ご案内いたします。(안내해 드리겠습니다.)
　○ お電話(でんわ)します、お電話いたします。(전화해 드리겠습니다.)

2 계산하기

● 회화_1

金アミ_ あの、すみません。りんご 一つ いくらですか。
저 실례합니다. 사과 1개에 얼마예요?

店員_ 一個 100円です。
1개 100엔입니다.

金アミ_ りんご 二つと 150円の なし 三つ ください。
사과 2개와 150엔짜리 배 3개 주세요.

店員_ りんご 二つで 200円と なし 三つで 450円、
사과 2개에 200엔과 배 3개에 450엔,

全部で 650円と なります。
전부 650엔입니다.

金アミ_ はい、1000円です。
네, 1000엔입니다.

店員_ 1000円 お預かりします。
1000엔 받았습니다.

350円のお返しです。毎度 ありがとうございます。
거스름돈 350엔입니다. 매번 감사합니다.

새단어

- りんご 사과
- 一個(いっこ) 한 개
- 二(ふた)つ 둘, 두 개
- 三(みっ)つ 셋, 세 개
- なし 배
- 三(みっ)つで 세 개에
- 全部(ぜんぶ)で 전부, 전부해서
- 預(あず)かる 맡다, 보관하다
- 返(かえ)す 돌려주다
- 毎度(まいど) 매번, 늘 이용해 주셔서

✻ 개수를 셀 때

한 개	두 개	세 개	네 개	다섯 개	
一(ひと)つ 一個 いっこ	二(ふた)つ 二個 にこ	三(みっ)つ 三個 さんこ	四(よっ)つ 四個 よんこ	五(いつ)つ 五個 ごこ	
여섯 개	일곱 개	여덟 개	아홉 개	열 개	몇 개
六(むっ)つ 六個 ろっこ	七(なな)つ 七個 ななこ	八(やっ)つ 八個 はっこ	九(ここの)つ 九個 きゅうこ	十(とお) 十個 じゅっこ	いくつ 何個 なんこ

11個(じゅういっこ)、12個(じゅうにこ)…처럼 11개 이후부터는 숫자에 ～個를 붙여서 표현한다.

✻ 果物(くだもの) 과일

- りんご 사과
- なし 배
- みかん 귤
- くり 밤
- かき 감
- くるみ 호두
- いちご 딸기
- すもも 자두
- あんず 살구
- もも 복숭아
- ぶどう 포도
- うめ 매실
- すいか 수박
- キウイ 키위
- ライム 라임
- メロン 메론
- いちじく 무화과
- パイナップル 파인애플
- トマト 토마토
- バナナ 바나나
- オレンジ 오렌지
- ココナッツ 코코넛
- まくわうり 참외

✽ ～円 お預(あず)かりします　～엔 받았습니다

슈퍼 등에서 손님에게 돈을 받을 때는 반드시 받는 쪽에서 ～円 お預(あず)かりします(～엔 받았습니다), ～円(えん)のお返(かえ)しです(거스름돈 ～엔입니다) 라고 말해 혹시 모를 실수를 미연에 방지하므로 귀에 익숙해지면 도움이 될 것이다.

✽ 유용한 표현

○ 全部(ぜんぶ)で いくらですか。(전부 다 해서 얼마입니까?)

○ 全部(ぜんぶ)で いくらに なりますか。(전부 다 해서 얼마가 됩니까?)

○ クレジットカードで はらえますか。(신용카드로 지불할 수 있습니까?)

○ カードで 払(はら)っても いいですか。(카드로 지불해도 됩니까?)

○ カードでも いいですか。(카드도 됩니까?)

○ 包(つつ)んで ください。(포장해 주세요.)

○ 払(はら)い 戻(もど)し できますか。(환불 가능합니까?)

회화_2

金アミ_ あの 紺に ほそい ストライプの はいって いる スーツを
저 곤색에 가는 줄무늬가 들어간 슈트를

見せて ください。
보여주세요.

店員_ ああ、あれですか。
아, 저거요?

あれは 最近 よく 売れて いる 人気商品です。
저건 요즘 잘 나가는 인기 상품입니다.

金アミ_ いいですね。似合いそうですか。
좋네요. 어울릴 것 같아요?

〈試着後〉
입어 본 후

店員_ よく お似合いですね。
잘 어울립니다.

金アミ_ おいくらですか。
얼마입니까?

てんいん
店員_ 35,000円で ございます。
　　　 3만 5천엔입니다.

金アミ_ カードで いいですか。
　　　 카드도 되나요?

てんいん　　　　　　　　　　　いっかつばら
店員_ はい、よろしいです。一括払いですか。
　　　 네, 괜찮습니다. 일시불이세요?

　　　　　 ぶんかつばら
金アミ_ 分割払いも できますか。
　　　 할부도 가능합니까?

てんいん　 さんかいばら　　　　 むりし
店員_ 3回払いまでは 無利子で ございます。
　　　 3개월 할부까지는 무이자입니다.

　　　　　　　さんかいばら　 ねが
金アミ_ じゃ、3回払いで お願いします。
　　　 그럼, 3개월 할부로 부탁합니다.

 새단어

- 紺(こん) 곤색
- 入(はい)る 들어가다
- 売(う)れる 팔리다
- 似合(にあ)う 어울리다
- 一括払(いっかつばら)い 일시불
- 三回払(さんかいばら)い 3개월 할부
- 細(ほそ)い 가늘다
- スーツ 슈트
- 人気商品(にんきしょうひん) 인기 상품
- カード 카드
- ストライプ 줄무늬
- 最近(さいきん) 최근, 요즘
- 分割払(ぶんかつばら)い 할부
- 無利子(むりし) 무이자

✻ 似合(にあ)いそうですか   어울려 보여요

*〜そうだ(様態 표현의 조동사) '〜해 보인다, 〜할 것 같다'의 의미를 갖는다. 동사의 ます형+そうだ, 형용사・な형용사의 어간 +そうだ에 연결된다.

단, ない(없다), よい(좋다)만은 なさそうだ、よさそうだ이다.

○おいしそうな ケーキ、一個(いっこ) 食(た)べても いい。

　(맛있어 보이는 케이크 한 개 먹어도 돼?)

○雨(あめ)が降(ふ)りそうですね。(비가 올 것 같군요.)

○あの子(こ)は 今(いま)にも 泣(な)き出(だ)しそうな 顔(かお)です。

　(저 아이는 당장에라도 울어버릴 것 같은 얼굴입니다.)

○忙(いそが)しそうで 言(い)えなかったんです。

　(바빠 보여서 말하지 못 했습니다.)

○元気(げんき)そうですね。(건강해 보이네요.)

○暇(ひま)そうですね。映画(えいが)でも みませんか。

　(한가해 보이네요. 영화라도 보지 않겠어요?(즉, 보시겠어요?))

*참고로 조동사 そうだ는 양태뿐만 아니라, 용언・조동사의 보통형 そうだ에 연결되어 伝聞(〜한다고 하다)도 나타낸다.

○明日(あした) 雨(あめ)が 降(ふ)るそうです。(내일 비가 온다고 합니다.)

○冬(ふゆ)ソナは 日本(にほん)でも 大(だい)ヒットしたそうです。

　(겨울연가는 일본에서도 대성공했다고 합니다.)

○あの店(みせ)は 安(やす)くておいしいので 人(ひと)が 多(おお)いそうです。

　(저 가게는 싸고 맛있어서 사람이 많다고 합니다.)

○韓国人(かんこくじん)は 情(じょう)が ふかいし、礼儀正(れいぎただ)しいし、親切(しんせつ)だそうです。

　(한국인은 정이 많고, 예의 바르며, 친절하다고 합니다.)

❊ カードで いいです　～으로(이면) 됩니다

＊～で いいですか는 확인, 허락을 요하는 표현이며, ～で よろしいですか{(～으로 (이면) 괜찮겠습니까?}로 바꿔 쓸 수 있는 표현이다.

○ クレジットカードで よろしいですか。(신용카드면 괜찮겠습니까?)

❊ 一括払(いっかつばら)いも できますか　일시불도 가능합니까

카드를 이용할 때의 표현으로 一括払(いっかつばら)い(일시불)、分割払(ぶんかつばら)い(할부)、一回払(いっかいばら)い(1개월 할부)、二回払(にかいばら)い(2개월 할부)、三回払(さんかいばら)い(3개월 할부) 등으로 표현한다.

❊ 색깔(色 いろ)

白(しろ)	흰색	黒(くろ)	검정	赤(あか)	빨강	黄色(きいろ)	노랑
青(あお)	파랑	紫(むららき)	보라색	緑(みどり)	녹색	茶色(ちゃいろ)=ブラウン	갈색
灰色(はいいろ)=グレー	회색	ピンク	핑크	カーキ	카키	ベージュ	베이지
金色(きんいろ)	금색	銀色(ぎんいろ)	은색=シルバー	紺(色)(こんいろ)	남색	水色(みずいろ)	하늘색

3 물건값 깎기

^{おきゃく}
お客_ じゃ、これに します。
　　　그럼, 이것으로 하겠습니다.

^{てんいん}
店員_ 2560円と なります。
　　　2560엔이 되겠습니다.

^{おきゃく}　^{すこ}
お客_ 少し まけて くれませんか。
　　　좀 깎아 주시겠어요?

^{てんいん}　　^{ねだん}　^{かくやす}
店員_ お値段は 格安に なって おりますが。
　　　가격은 싼 가격입니다만.

^{おきゃく}　^{さいきん} ^{ふきょう}
お客_ 最近は 不況ですから。
　　　요즘은 불경기이니까요.

^{てんいん}　　　^{げんきん}
店員_ じゃ、現金でしたら 2500円に おまけします。
　　　그럼, 현금이라면 2500엔에 드리겠습니다.

새단어

- **まける** 깎아주다
- **値段(ねだん)** 가격
- **格安(かくやす)** 싼 가격, 가격이 쌈
- **不況(ふきょう)** 불황
- **現金(げんきん)** 현금

❋ **これに します。** 이것으로 하겠습니다.

＊～に する(～으로 (정)하다), 존경어는 ～に なさる(～으로 (정)하시다)

○山田 : 先生(せんせい), 何(なに)に なさいますか。(선생님 뭘로 하시겠습니까?)
　先生 : コーヒーに します。(커피로 하겠습니다.)

❋ **2560円と なります。** 2560엔이 되겠습니다.

＊～と なる ～ 이(가) 되다 = ～に なる

○300円と なります = 300円に なります。(300엔이 되겠습니다.)

❋ **まけて くれませんか。** 깎아 주시겠어요?

やすく して くれませんか (싸게 해주시겠어요?), 割引(わりびき)して くれませんか(할인해 주시겠어요?)로 바꿔 표현할 수 있다.

＊～て くれませんか(～해 주지 않겠습니까? ～해 주지 않을래요?)보다 좀더 경어는 ～て くださいませんか(～해 주시지 않겠습니까? ～해 주시지 않겠어요?)이고, 다른 표현으로는 (～に) ～て もらえませんか(～해 주지 않겠습니까? ～해 주지 않을래요?) (～に)～て いただけませんか(～해 주시지 않겠습니까? ～해 주시지 않겠어요?)가 된다. 少し まけてくれませんか = 少し まけて もらえませんか(좀 깎아 주지 않을래요?) 좀 더 경어로 少し まけて くださいませんか = 少し まけて いただけませんか(좀 깎아 주시지 않겠어요?)가 된다.

✲ **お値段(ねだん)は 格安(かくやす)に なって おりますが、**
　가격은 싼 가격입니다만,

〜て おる(〜하고 있다)는 〜て いる의 공손한 표현이다.
○格安(かくやす)に なって おります。(싼 가격이 되어 있습니다, 즉 싼 가격입니다.)

✲ **2500円に おまけします。**
　2500엔으로 깎아드리겠습니다, 즉, 2500엔에 드리겠습니다.

おまけします는 お동사의 ます형 する 〜하다, 〜해드리다(겸양 표현)의 형식을 취하고 있다.
○おかえし します。(돌려들리겠습니다.)
○おもち します。(들어드리겠습니다.)

4 반품 및 교환

회화_1

お客_ 恐れ入りますが、これを 交換したいのですが。
죄송하지만, 이것을 교환하고 싶은데요.

店員_ 品物と 領収書を 見せて いただけませんか。
물건과 영수증을 보여 주시겠어요?

お客_ はい、領収書です。
네, 영수증입니다.

店員_ どうしたら よろしいでしょうか。
어떻게 하면 될까요?

お客_ 同じ デザインで ブラウンに 取り替えて ください。
같은 디자인으로 갈색으로 바꿔 주세요.

店員_ 申し訳ございませんが、ブラウンは 今 品切れに なって
죄송합니다만, 갈색은 지금 품절이 되어서

おりまして、本社に 注文したら 何日か かかると 思いますが。
본사에 주문하면 며칠은 걸릴 겁니다만.

^{おきゃく} ^{なんにち}
お客_ 何日ぐらい かかりますか。
　　　며칠 정도 걸립니까?

^{てんいん} ^{やく} ^{いつか}
店員_ 約 五日ぐらいは かかりそうですが。
　　　약 5일 정도는 걸릴 것 같은데요.

^{おきゃく} ^{いえ} ^{とど}
お客_ じゃ、家に 届けて もらえますか。
　　　그럼, 집으로 보내 줄 수 있습니까?

^{てんいん} ^{たく} ^{とど}
店員_ はい、お宅に お届けします。
　　　네, 댁으로 보내드리겠습니다.

 새단어

- 恐(おそ)れ入(い)る 죄송해 하다, 황송해 하다
- 交換(こうかん)する 교환하다
- 品物(しなもの) 물건
- 領収書(りょうしゅうしょ) 영수증
- 同(おな)じだ 같다
- デザイン 디자인
- ブラウン 브라운
- 取(と)り替(か)える 바꾸다, 교환하다
- 品切(しなぎ)れ 품절
- 本社(ほんしゃ) 본사 * 支社(ししゃ) 지사
- 注文(ちゅうもん)する 주문하다
- 何日(なんにち) 며칠
- かかる 걸리다
- 届(とど)ける 보내주다
- お宅(たく) 댁

✽ **恐(おそ)れ入(い)ります。** 죄송합니다, 송구스럽습니다.

すみません보다 공손한 표현으로 뭔가 상대방에게 부탁하는 상황에서 쓰면 더 바람직하다.

○ 恐(おそ)れ入(い)りますが 山田部長(やまだぶちょう)は いらっしゃいますか。
 (죄송한데요, 야마다 부장님 계십니까?)

✽ **何日(なんにち)か かかると 思いますが、** 며칠은 걸릴 겁니다만,

*∼か ∼인가, ∼인지(불확실함을 나타냄) 주로 의문대명사에 붙음.
いつか(언젠가), どこか(어디인가), だれか(누군가), なにか(무언가), なぜか(왠지), 何日(なんにち)か 며칠인지

○ いつか 世界旅行(せかいりょこう)を したいと おもいます。
 (언젠가 세계 여행을 하고 싶습니다.)

✽ **家(いえ)に 届(とど)けて もらえますか** 집에 보내주시겠어요?

*∼て もらえる(상대방이 내게)∼해 주다. ∼て もらえますか(∼해주시겠어요?)는 ∼て くれますか와 같은 표현이다.

○ 写真(しゃしん)を 撮(と)って もらえますか。(사진을 찍어 주시겠어요?)

회화_2

お客_ きのう 買った ものなんですけど、返品したいんですが。
어제 산 것인데, 반품하고 싶은데요.

店員_ 領収書は お持ちでしょうか。
영수증은 가지고 계세요?

お客_ これです。
이겁니다.

店員_ どうして 返品なさるんですか。
왜 반품하십니까?

お客_ ちょっと はですぎるようだし、ここが ちょっと やぶれて
좀 화려한 것 같고, 여기가 좀 뜯어져

います。
있어요.

店員_ 申し訳ございません。かしこまりました。
죄송합니다. 잘 알겠습니다.

새단어

- 昨日(きのう) 어제
- 買(か)う 사다
- 返品(へんぴん)する 반품하다
- 返品(へんぴん)なさる 반품하시다
- 派手(はで)すぎる 너무 화려하다
- 破(やぶ)れる 뜯어지다

☆ 返品(へんぴん)したいんですが、 반품하고 싶은데요.

*～んです=～のです. 返品したいのですが와 같은 표현으로 返品(へんぴん)したいですが보다 자신의 기분을 설명하는 어감이 있다.

○ 今日(きょう) 一日(いちにち) やすみたいんですが。(오늘 하루 쉬고 싶은데요.)

○ これを 交換(こうかん)したいんですが。(이것을 교환하고 싶은데요.)

☆ お持(も)ちでしょうか。 갖고 계세요?

お동사의 ます형ですか (～하십니까?) 보다 정중한 어감을 전달한다.

○ お持(も)ち帰(かえ)りでしょうか。(집에 갖고 가세요?)

☆ 返品(へんぴん)なさいますか。 반품하십니까?

する의 존경어가 なさる(하시다)이므로 返品(へんぴん)しますか의 경어 표현이다.

○ 毎日(まいにち) 運動(うんどう)なさいますか。(매일 운동하세요?)

9

식사

1. 음식 주문

2. 식사할 때

3. 계산할 때

1 음식 주문

● 회화_1

ウェイター_ ご注文 承ります。
　　　　　주문받겠습니다.

鈴木_ この店のお勧め料理は なんですか。
　　　이 가게 추천 요리는 뭐죠?

ウェイター_ てんぷらうどんが おいしいです。
　　　　　튀김우동이 맛있습니다.

鈴木_ じゃ、それを ください。
　　　그럼, 그걸로 주세요.

　　　それから ビールも 一本 お願いします。
　　　그리고 맥주도 한 병 부탁합니다.

ウェイター_ はい、かしこまりました。少々 お待ちください。
　　　　　네, 잘 알겠습니다. 잠시 기다려 주세요.

🗒 새단어

- 注文(ちゅうもん) 주문
- 店(みせ) 가게
- お勧(すす)め料理(りょうり) 추천요리
- 承(うけたまわ)る 삼가받다
- 勧(すす)める 권장하다, 권하다
- てんぷらうどん 튀김우동

- おいしい 맛있다
- ビール 맥주
- 一本(いっぽん) 한 병(여기서는 병을 세는 단위)

✼ ご注文(ちゅうもん) 承(うけたまわ)ります　주문받겠습니다

주문받을 때 쓰는 표현으로 ご注文(ちゅうもん) お決(き)まりですか(주문 결정되셨습니까? 즉 주문하시겠습니까? 주문받겠습니다)나 ご注文(ちゅうもん)よろしいでしょうか(주문 괜찮을까요? 즉, 주문받겠습니다) 등으로 표현할 수 있다.

✼ お勧(すす)め料理(りょうり)　추천요리

お勧(すす)めらごとも하며, 今日(きょう)の お勧(すす)めは なんですか(오늘의 추천요리는 무엇입니까?)

✼ ビールも 一本(いっぽん) お願(ねが)いします
　　맥주도 한 병 부탁합니다

* ~本(조수사) 가늘고 긴 것을 세는 단위로, 주로 필기구류, 나무, 막대, 병, 필름 등을 세는 단위

○ 一本(いっぽん)　　　○ 二本(にほん)　　　○ 三本(さんぼん)
○ 四本(よんほん)　　　○ 五本(ごほん)　　　○ 六本(ろっぽん)
○ 七本(ななほん)　　　○ 八本(はっぽん)　　○ 九本(きゅうほん)
○ 十本(じゅっぽん、じっぽん)　○ 何本(なんぼん)

회화_2

ウェイター_ いらっしゃいませ。何名(なんめい)さまですか。
어서 오세요. 몇 분이세요?

田中(たなか)_ 二人(ふたり)です。
둘입니다.

ウェイター_ こちらへ どうぞ。
이쪽으로 앉으세요.

田中(たなか)_ 鈴木(すずき)さんは 何(なに)に しますか。
스즈끼 씨는 뭘로 하시겠어요?

鈴木(すずき)_ きょうの ランチは 何(なん)ですか。
오늘 런치는 뭐예요?

ウェイター_ 焼(や)き肉定食(にくていしょく)です。
불고기 정식입니다.

鈴木(すずき)_ 田中(たなか)さんは 肉(にく)が 好(す)きですか。
다나카 씨는 고기를 좋아하세요?

田中(たなか)_ はい、すきです。
네, 좋아합니다.

わたしは それに します。
전 그걸로 하겠습니다.

すずき
鈴木 じゃ、わたしも 同じものを ください。
그럼, 나도 같은 것으로 주세요.

ウェイター 焼き肉定食 二人前ですね。
불고기 정식 2인분요.

かしこまりました。
잘 알겠습니다.

새단어

- 何名様(なんめいさま) 몇 분
- 焼(や)き肉(にく)定食(ていしょく) 불고기 정식
- 同(おな)じもの 같은 것
- ランチ 런치, 점심
- 肉(にく) 고기, 육류
- 二人前(ににんまえ) 2인분

✼ 何名(なんめい)さまですか 몇 분이세요

음식점 등에서 손님에게 하는 표현으로, 何人(なんにん)ですか보다 경어이다.
お一人様(ひとりさま)ですか(한 분이세요?)、お二人様(ふたりさま)(두 분)、三名(さんめい)さま(세 분)、四名(よんめい)さま(네 분)… 등으로 표현한다.

일반적으로 사람을 셀 때는 一人(ひとり)、二人(ふたり)、三人(さんにん)、四人(よにん)、五人(ごにん)、六人(ろくにん)、七人(しちにん)、八人(はちにん)、九人(きゅうにん)、十人(じゅうにん)、何人(なんにん) (몇 명)

✽ ランチ 런치

음식점에선 대개 12시~2시 사이에 몇 가지의 메뉴를 정해 좋은 음식을 좀 싸게 제공하고 있다. 선택이 곤란할 때는 런치를 주문해 먹어보는 것도 좋을 것이다.

✽ 何に しますか 뭘로 하시겠어요

대답으로는 ~に します(~로 하겠습니다), ~ ください(~주세요), ~ おねがいします(~부탁합니다) 등으로 대답할 수 있다. 경어는 何(なに)に なさいますか가 된다.
○ お客様(きゃくさま)、何に なさいますか。(손님, 뭘로 하시겠습니까?)
○ すき焼(や)きに します。(스키야키로 하겠습니다.)

✽ 二人前(ににんまえ) 2인분

一人前(いちにんまえ) 1인분、
二人前(ににんまえ) 2인분、
三人前(さんにんまえ) 3인분……

2 식사할 때

🔘 회화_1

鈴木_ お腹 空きましたね。なにか 食べましょうか。
배가 고프군요. 뭘 먹을까요?

金アミ_ いいですね、鈴木さんは 何が お好きですか。
그러죠, 스즈키 씨는 뭘 좋아하세요?

鈴木_ なんでも 好きですけど。
뭐든 좋아하는데요.

金アミ_ 魚料理は いかがですか。
생선요리는 어떠세요?

おいしくて いい 店を 知って いますが。
맛있고 좋은 가게를 알고 있는데요.

鈴木_ じゃ、それに しましょう。
그럼, 그걸로 하죠.

その店の 自慢の 料理は なんですか。
그 집(가게) 잘 하는 요리는 뭐예요?

金アミ_ ふぐ料理です。
복요리입니다.

鈴木_ ふぐ料理 大好きです。急いで 行きましょう。
복요리 매우 좋아해요. 빨리 갑시다.

(食堂で)
식당에서

金アミ_ いかがですか。
어떠세요?

鈴木_ 本当に おいしいです。
정말 맛있습니다.

金アミ_ おかわり いかがですか。
더 드시겠어요?

鈴木_ もう お腹 いっぱいです。ごちそうさまでした。
배가 부릅니다.　　　　　　잘 먹었습니다.

金アミ_ いいえ、おそまつさまでした。
아녜요, 변변찮았습니다.

 새단어

- お腹(なか)が空(す)く 배가 고프다
- 何(なん)でも 뭐든, 무엇이든
- 魚(さかな) 생선
- 魚料理(さかなりょうり) 생선요리

- いい 좋다
- 自慢(じまん) 자랑, 자부함
- ふぐ料理(りょうり) 복요리
- 大好(だいす)きだ 대단히 좋아하다 * 大嫌(だいきら)いだ 대단히 싫어하다
- 本当(ほんとう)に 정말로
- お腹(なか) 배
- お粗末様(そまつさま) 변변치 못합니다
- お粗末(そまつ) 시시함, 시원치 않음
- 知(し)る 알다
- ふぐ 복(어)
- 急(いそ)ぐ 서두르다
- お代(か)わり 같은 음식을 더 먹음, 리필
- いっぱい 가득하다
- ごちそう 진수성찬
- ごちそうさまでした 잘 먹었습니다

✻ お腹(なか)が 空(す)きましたね   배가 고프군요

お腹(なか)が 空(す)く(배가 고프다)의 보다 거친 말은 腹(はら)が 減(へ)る로 남자들만 쓰는 말이다. 다른 표현은 お腹(なか)がぺこぺこだ(배가 쪼로록거리다)、お腹(なか)が 減(へ)った(배고파) 등이다.

✻ 何でも すきです   무엇이든 좋아합니다

일본인의 경우 뭘 먹겠냐고 물을 때 대개 何でも いいです(무엇이든 좋습니다)라는 대답을 하곤 한다. 이럴 때는 다시 한 번 물어보는 것이 좋을 것이다. 위의 대화처럼 魚料理(さかなりょうり)は いかがですか라든가 しゃぶしゃぶは いかが(どう)ですか라든가, 이는 본심을 바로 대답 못하는 일본어 표현에서 유래한 것이므로.

*명사でも ~(이)라도
○ カレーライスでも 食べましょうか。(카레라이스라도 먹을까요?)

✲ お代(か)わり いかがですか 리필 어떠세요, 더 드시겠습니까

같은 음식을 더 먹는 것을 お代(か)わり라고 한다. 다른 말로 もう 少し いかがですか(좀더 드시겠습니까?)라고 해도 된다.
- お代(か)わり どうぞ。(한 그릇 더 드세요.)
- コーヒーの お代(か)わり できますか。(커피 리필 됩니까?)

✲ ごちそうさま(でした) 잘 먹었습니다

식사 후 하는 말이며, 음식을 먹기 전에는 いただきます(잘 먹겠습니다)라고 한다. 특히 초대받아가거나 대접받았을 때는 대접하는 쪽에 대한 답례로 ごちそうさまでした라고 해서 고마움을 표시하는 것이 예의일 것이다. 그러면 대접하는 쪽에서도 의례적으로 おそまつさまでした(변변찮았습니다)라고 답례하는 것이 생활화되었다고나 할까?

회화_2

鈴木_ おいしそうですね。いただきます。
맛있어 보이네요. 잘 먹겠습니다.

金アミ_ '蔘鷄湯'と いう料理です。辛く ないので 食べられると
삼계탕이라는 요리입니다. 맵지 않기 때문에 드실 수 있을 것이라고

思いますが、初めてですか。
생각하는데, 처음이세요?

鈴木_ はい、はじめてです。
네, 처음입니다.

金アミ_ いかがですか。
어떠세요?

鈴木_ とても おいしいですね。
굉장히 맛있군요.

金アミ_ 韓国では 夏は 健康食として よく 食べます。
한국에서는 여름에는 건강식으로 자주 먹습니다.

鈴木_ そうですか。辛く ないから 日本人でも 食べられますね。
그러세요. 맵지 않기 때문에 일본인도 먹을 수 있겠네요.

金アミ_ キムチは いかがですか。辛(から)く ありませんか。
　　　　김치는 어떠세요? 맵지 않으세요?

鈴木(すずき)_ 僕(ぼく)は キムチは 平気(へいき)です。おいしいです。
　　　　전 김치는 별문제 없습니다. 맛있어요.

金アミ_ キムチにも 種類(しゅるい)が いろいろ ありまして 全然(ぜんぜん) 辛(から)く ない
　　　　김치에도 종류가 여러 가지 있어서 전혀 맵지 않은

キムチも ありますよ。
김치도 있답니다.

鈴木(すずき)_ そうですか。キムチに 種類(しゅるい)が いろいろ あるなんて
　　　　그래요. 김치에 종류가 여러 가지 있다니 전혀

全然(ぜんぜん) 知(し)りませんでした。
몰랐습니다.

 새단어

- 辛い(から) 맵다
- 食(た)べられる 먹을 수 있다 食(た)べる의 가능동사
- はじめて 처음으로, 최초로
- 夏(なつ) 여름
- 健康食(けんこうしょく) 건강식
- 種類(しゅるい) 종류
- とても 대단히
- 秋(あき) 가을
- ～として ～로서
- 全然(ぜんぜん) 전혀
- 平気(へいき)だ 걱정없다, 개의치 않다
- 春(はる) 봄
- 冬(ふゆ) 겨울
- 僕(ぼく) 저(남성어)
- ～なんて ～하다니

✲ おいしそうですね　맛있어 보이네요

음식을 앞에 놓고 おいしそうです(ね)를 한 마디 곁들인다면 더욱 맛이 나지 않을까?

만약 초대받았을 때라면 초대한 쪽에 대한 인사도 겸할 수 있을 것이다. 같은 말로 うまそうです(ね)라고 할 수 있는데, 이는 남성 용어이다.

✲ 食(た)べられますね　먹을 수 있겠군요

＊～られる～할 수 있다(가능동사)

1段동사 →～る를 탈락시키고 +られる、たべる → たべられる、참고로 する → できる、来(く)る → 来(こ)られる、5段동사 →어미를 え段으로 고치고 +る이다. 예를 들면, かく → 書ける、よむ → よめる。

○ 日本語(にほんご)が 読(よ)めるので いろいろ 役(やく)に 立(た)ちます。
　(일본어를 읽을 수 있어서 여러 가지로 도움이 됩니다.)

○ 早(はや)く 起(お)きられれば いいのに……(빨리 일어날 수 있으면 좋을텐데…)

✲ はじめて　처음

初(はじ)めて는 '처음, 최초'라는 의미이고, はじめ는 '처음, 시작' 즉, 시작과 끝(終(お)わり)의 의미이므로 혼동을 일으키지 않도록…….

○ 韓国(かんこく)は 初(はじ)めてですので、いろいろ 教(おし)えて ください。
　(한국은 처음이므로 여러 가지 가르쳐 주세요.)

○ 初(はじ)めは こんなふうに やって 行(い)けば だんだん 上手(じょうず)に なります。
　(처음에는 이런 식으로 해 가면 점점 잘 하게 됩니다.)

✣ **健康食(けんこうしょく)として**　건강식으로서

* ~として (~로서) 역할, 자격, 입장 등을 나타낸다.
○ 韓国人(かんこくじん)としては 理解(りかい)できないと おもいます。
　(한국인으로서는 이해할 수 없을 거라고 생각합니다.)

✣ **いろいろ あるなんて**　여러 가지 있다니

* ~なんて (~하다니, ~라니) 뜻밖임을 나타낸다.
○ 東京(とうきょう)で 会(あ)うなんて 世(よ)の中(なか)は 狭(せま)いですね。
　(동경에서 만나다니 세상은 좁군요.)
* 참고로 など、なんか (등, 따위, ~같은 것)와 같은 뜻으로 쓰이기도 한다.
○ 卒業(そつぎょう)お祝(いわ)いに 本(ほん)なんかは いかがですか。
　(졸업 선물로 책 같은 것은 어떠세요?)

3 계산할 때

鈴木 （すずき）　お勘定（かんじょう） お願（ねが）いします。
계산 부탁합니다.

いくらですか。
얼마입니까?

店（みせ）の人（ひと）　3000円（さんぜんえん）です。
3000엔입니다.

鈴木（すずき）　山田（やまだ）さん、きょうは 私（わたし）が おごりますよ。
야마다 씨 오늘은 제가 벌게요.

山田（たなか）　割（わ）り勘（かん）に しましょう。
각자 부담합시다.

鈴木（すずき）　いいえ、私（わたし）に おごらせてください。
아뇨, 제가 내고 싶습니다(내게 해주세요).

山田（たなか）　いいんですか。
괜찮으세요?

では、ごちそうさまでした。
그럼, 잘 먹었습니다.

새단어

- 勘定(かんじょう) 계산
- おごる 한턱 내다
- 割(わ)り勘(かん) 각자 부담

✼ 私が おごりますよ　제가 낼게요

おごる(한턱내다, 쏘다)는 친한 관계에서 편하게 하는 말이다. 지불한다는 의미로 持(も)つ(부담하다, 내다), 払(はら)う(지불하다, 내다)가 있다. 따라서 おごります 대신에 払(はら)います、もちます라고도 할 수 있다.

✼ 割(わ)り勘(かん)　각자 부담

일본에서는 으레 割(わ)り勘(かん)이 생활화되어 있다. 특별히 자신이 한턱내겠다고 하지 않는 한, 한국이라면 가자고 권하는 사람이 내는 것이 일반적이라는 느낌이 드는데, 이런 경우에도 割り勘이다. 이는 고물가에 남에게 신세지는 것을 싫어하는 일본인의 마음이 반영된 것이 아닐까?

✼ おごらせて ください　한턱 내고 싶습니다

*～(さ)せて ください～하게 해주세요(자신이 ～하게 해달라고 허락을 요할 때의 완곡한 표현)

○留学(りゅうがく)させて ください。(유학가게 해 주세요.)

○休(やす)ませて ください。(쉬게 해 주세요.)

10

초대

1. 초대하기와 승낙

2. 거절하기

1 초대하기와 승낙

회화_1

田中_ 今度の 日曜日、お暇ですか。
이번 일요일 한가하세요?

鈴木_ はい、ひまですけど。
네, 시간이 있는데요.

田中_ じゃ、家へ 遊びに いらっしゃいませんか。
그럼, 우리 집에 놀러 오시지 않겠습니까?

鈴木_ 何か ありますか。
무슨 일 있습니까?

田中_ いいえ、いっしょに 食事でも したいと 思いまして。
아뇨, 함께 식사라도 하고 싶어서요.

鈴木_ じゃ、何時までに 行けば よろしいでしょうか。
그럼, 몇 시까지 가면 될까요?

田中_ 12時までに いらして ください。
12까지 오세요.

鈴木_ ありがとうございます。よろこんで。
감사합니다.   기꺼이(가겠습니다).

새단어

- ○ 月曜日(げつようび)　　○ 火曜日(かようび)　　○ 水曜日(すいようび)
  ○ 木曜日(もくようび)　　○ 金曜日(きんようび)　　○ 土曜日(どようび)
  ○ 日曜日(にちようび)　　○ 何曜日(なんようび) 무슨 요일
- 暇(ひま)だ 한가하다
- 家(うち) 집
- 何(なに)か 무언가
- 食事(しょくじ) 식사
- 何時(なんじ) 몇 시
- ～までに ～까지(～이전까지)
- けど(접속사) ～하지만(=けれど、けれども)
- 遊(あそ)ぶ 놀다
- 一緒(いっしょ)に 함께
- ～と 思(おも)う ～라고 생각하다
- よろしい 좋다, 괜찮다(いいの 격식 차린 말)
- 喜(よろこ)ぶ 기뻐하다, 기꺼이 받아들이다

✲ お暇(ひま)ですか　한가하세요(시간 있으세요)

용건을 말하기 전에 상대방의 상황을 묻는 표현으로 お時間(じかん)よろしいですか (시간 괜찮으세요?), ご予定(よてい)が ありますか(일정이 있습니까?)라고도 한다.

✲ 遊(あそ)びに いらっしゃいませんか　놀러 오시지 않겠습니까

遊びに 来ませんか의 존경 표현이며, 遊びに 来(き)て くださいませんか(놀러오시지 않겠어요? 놀러 오시겠습니까?)와 의미상으로 같은 표현이다.

＊동사의 ます형・동작성 명사 に 行く/くる　～하러 가다 /～하러 오다

여기서는 来る의 존경어 いらっしゃる(오시다, 가시다, 계시다)가 왔다

○ 公園(こうえん)へ 散歩(さんぽ)に 来(き)ました。(공원에 산책하러 왔습니다.)
○ 映画(えいが)を 見(み)に 行(い)きませんか。
　(영화 보러 가지 않겠습니까? 영화 보러 가실래요?)

※ **何時(なんじ)までに いけば よろしいですか**　몇 시까지 가면 좋을까요

상대방에게 의향을 물어볼 때 쓰는 표현으로 같은 상황에서 何時(なんじ)に うかがいましょうか(몇 시에 찾아뵐까요?)라고 말해도 된다.

　＊ 〜ば よろしい(いい)〜하면 괜찮다(좋다, 된다), 〜たら よろしい(いい)와 같은 표현이다.

　○ 先生(せんせい)に おうかが いすれば よろしいですか。

　　(선생님께 여쭤보면 됩니까?)

※ **12時までに**　12시까지

＊〜までに 동작이 완료되는 한계점을 나타내고, 그 이전에 동작이 성립하면 된다는 의미를 나타내지만 〜までは 동작의 지속성, 작용의 범위, 기간을 나타내므로 어감에 차이가 있다.

　○ 3時(さんじ)から 5時(ごじ)までは 会議(かいぎ)ですから 資料(しりょう)を コピーして ください。(3시에서 5시까지는 회의이니까 자료를 복사해 주세요.)

　○ レポートは 明日(あした)の 4時(よじ)までに 出(だ)して ください。

　　(리포트는 내일 4시까지 제출해 주세요.)

※ **いらして ください**　와주세요, 오세요

いらして ください는 いらっしゃって ください의 회화체이다.

※ **よろこんで**　기꺼이(찾아뵙겠습니다)

뒤에 参(まい)ります、うかがいますが 생략된 표현으로 よろこんで만으로 쓰기도 한다.

회화_2

金アミ_ 来週の 土曜日 お忙しいでしょうか。
다음 주 토요일 바쁘세요?

鈴木_ 来週の 土曜日ですか。えーと あいて います。
다음 주 토요일요? 저~ 비어 있는데요.

金アミ_ じゃ、ドライブでも しませんか。
그럼, 드라이브라도 하지 않겠습니까?

鈴木_ ええ、いいですよ。どこか いい 所でも みつけたんですか。
네, 좋아요. 어디 좋은 곳이라도 찾으셨나요?

金アミ_ ええ、'아침 고요 수목원 (静かな朝の 樹木園)へでも
네, '아침 고요 수목원' 에라도

行こうかと 思って。
갈까해서요.

鈴木_ じゃ、そうしましょう。
그럼, 그렇게 하죠.

10. 초대 _213

📓 새단어

- 来週(らいしゅう) 다음 주, ＊今週(こんしゅう) 이번 주 先週(せんしゅう) 지난 주
- 忙(いそが)しい 바쁘다
- 空(あ)く 비다(시간, 공간)
- ドライブ 드라이브
- どこか 어딘가
- ところ 곳, 장소
- 見(み)つける 발견하다
- 朝(あさ) 아침 ＊昼(ひる) 낮
- 夕方(ゆうがた) 저녁
- 夜(よる) 밤
- 〜ようかと思(おも)う 〜할까 하고 생각하다

❋ お忙(いそが)しいでしょうか　바쁘세요

忙しいですか(바쁘세요?)보다 경어이다. 존경 표현의 한 방법 중 お형용사사전형です(か)는 형용사사전형です(か)보다 존경의 의미를 전달한다.

- ○ (わか)いですね。(젊으시군요.)
- ○ お忙(いそが)しい ところ どうも すみません。(바쁘신 중에 대단히 죄송합니다.)

❋ えーと 空(あ)いて います　저〜(시간이) 비어 있습니다

＊えーと는 바로 말을 잇지 못하고 망설일 때 내는 말로 저〜, 음〜.

- ○ えーと なんだっけ。(저- 뭐였더라?)

＊空(あ)くは (시간, 짬이)나다, 있다 / (공간이)비다, 나다

- ○ すみませんけど、お時間(じかん) 空(あ)いて いますか。
  (죄송한데요, 시간 있으세요? 시간 비세요?)
- ○ すみません、この席(せき) 空(あ)いて いますか。
  (실례합니다. 자리 비어 있습니까?)

※ ドライブでも しませんか   드라이브라도 하지 않겠습니까

*～ませんか(～하지 않겠습니까? ～하지 않을래요?)라고 하면 정중한 권유 표현을 할 수 있다.

○一緒(いっしょ)に 映画(えいが)でも 見(み)ませんか。

　　(함께 영화라도 보지 않겠습니까?)

※ ええ、いいですよ   네, 좋아요

권유에 대한 승낙을 할 때 はい、いいですね(네, 잘 됐네요, 좋군요)나 ええ、いいですね。そうしましょう(네, 잘 됐네요, 그렇게 합시다)라고도 한다.

※ ええ、'아침 고요 수목원'へでも 行こうかと 思(おも)って
　　네, '아침 고요 수목원'에라도 갈까 해서요

*～(よ)うかと 思(おも)う(～할까 하고 생각하다). 여기서 行(い)こうかと 思って 보다 조금 정중한 표현은 ～いこうかと 思いまして가 된다.

○お酒(さけ)でも 飲(の)もうかと 思って 居酒屋(いざかや)に きました。

　　(술이라도 마실까 해서 (선)술집에 왔습니다.)

2 거절하기

회화_1

吉田_ 田中さん、今度の日曜日 家へ いらっしゃいませんか。
다나카 씨, 이번 일요일 집에 오시지 않을래요?

田中_ 日曜日ですか。
일요일요?

吉田_ はい。
네.

田中_ せっかくの ご招待ですが……、
모처럼 초대인데……,

今度の日曜日は ちょっと 先約が ありまして。
이번 일요일은 좀 선약이 있어서요.

吉田_ そうですか。残念ですね。
그러세요. 유감이군요.

 새단어

- いらっしゃる 가시다, 오시다, 계시다
- せっかく 모처럼

■ 招待(しょうたい) 초대　■ 先約(せんやく) 선약　■ 残念(ざんねん)だ 유감이다

✱ せっかくの ご招待(しょうたい)ですが……　모처럼의 초대인데……

상대방의 기분이나 입장을 고려한 표현이다. 그 다음에 거절 이유를 말하거나 말하기 곤란할 때는 申(もう)し訳(わけ)ありませんが、その日(ひ) (日曜日, にちようび)は ちょっと(죄송합니다만, 그 날(일요일)은 좀……) 등 정도로 표현하면 된다.

✱ 거절할 때

상대방 기분이 상하지 않도록 친한 사람일 경우라면 ごめん 또는 う～ん 등, 손윗사람일 경우라면 すみませんが 또는 申し訳ありませんが, 日曜日(にちようび)ですか(죄송합니다만, 일요일요?), ご好意(こうい)は ありがたいんですが(호의는 감사합니다만), せっかくのご招待(しょうたい)ですが 등과 같이 상대방의 기분을 배려한 표현을 먼저 말한 다음 거절 이유를 말하거나, 대안을 제시함으로써 자신의 안타까운 마음을 전한다면 더욱 매끈한 거절이 될 것이다.

○あしたですか…… 申し訳ありませんが、あしたは ちょっと バイトが ありまして(忙(いそが)しいので、都合(つごう)が 悪(わる)いので、仕事(しごと)の 都合で)……
　{내일요?…… 죄송한데요, 내일은 좀 아르바이트가 있어서요.(바빠서요, 형편이 안 좋아서요, 업무상으로)……}

○あさっての 午後(ごご)なら 大丈夫(だいじょうぶ)だと 思(おも)いますが。
　(모레 오후라면 괜찮을 것 같은데요.)

○来週(らいしゅう)なら いいんですが。(다음 주라면 괜찮은데요.)

회화_2

金アミ_ 今度の 土曜日 '日本人との お茶会'が あるんですけど、
이번 토요일 '일본인과의 차모임'이 있는데,

ご一緒に いかがですか。
함께 하시겠습니까?

鈴木_ いい 機会ですね。わたしも 行きたいんですけど、
좋은 기회군요. 저도 가고 싶은데,

バイトが ありまして。
아르바이트가 있어서요.

金アミ_ バイトは なんとか なりませんか。
아르바이트는 어떻게 안 되겠습니까?

鈴木_ それが ちょっと 都合が 悪くて。
그게 좀 곤란해서요.

金アミ_ 残念ですけど、仕方が ありませんね。
유감이지만, 할 수 없군요.

鈴木_ せっかく 誘って いただいたのに。
모처럼 초대해 주셨는데.

金アミ_ いいんですよ。じゃ、また 今度。
괜찮아요. 그럼 다음에 또 (함께 하죠).

새단어

- 今度(こんど) 이번
- お茶会(ちゃかい) 차모임
- 一緒(いっしょ)に 함께
- 機会(きかい) 기회
- バイト 아르바이트
- 何(なん)とか 어떻게 좀
- 残念(ざんねん)だ 유감이다
- せっかく 모처럼
- 誘(さそ)う 권유하다
- ～て いただく ～해 주시다
- のに ～임에도 불구하고, ～는데
- 仕方(しかた)が ない 할 수 없다, 도리가 없다(=しようが ない)
- 都合(つごう)が いい / 悪(わる)い 형편(사정)이 좋다 / 나쁘다

✤ **バイトは 何(なん)とか なりませんか**
　아르바이트는 어떻게 안 되겠습니까

＊～は 何(なん)とか なりませんか는 어떻게 안 되겠냐고 부탁할 때 쓰는 표현이다.
○お仕事(しごと)は 何とか なりませんか。(일은 어떻게 안 되겠습니까?)

✤ **それが ちょっと 都合(つごう)が わるくて**　**그게 좀 곤란해서요**

都合(つごう)が 悪(わる)い / いい는 '형편이 나쁘다 / 좋다'는 뜻으로 여기서는 문맥에 맞게 의역을 한 표현이다.

✤ **仕方(しかた)が ない(ありません)**　**할 수 없다, 어쩔 도리가 없다**

체념할 때 쓰는 표현이다. 같은 표현으로 しよう(仕様)が ない(ありません)이 있다.
A：どうぞ。(드세요.)
B：ありがたいんですが、食(しょく)あたりで…。(고마운데요, 식체해서요….)

A：病院(びょういん)には 行(い)って 来(き)ましたか。(병원엔 다녀오셨어요?)
B：ええ、食(た)べ物(もの)に 気(き)を つけるようにって。
　　(네, 음식에 주의하라고 해서요.)
A：そうですか。仕方(しかた)が ないですね。お大事(だいじ)に。
　　(그러세요. 할 수 없군요. 몸조심하세요.)

✽ **せっかく 誘(さそ)って いただいたのに   모처럼 초대해(권해) 주셨는데**
せっかく さそってくださったのに와 같은 표현이며, 연체형 のに(~함에도 불구하고, ~는데)는 뒷말을 생략해서 애석함을 나타낸다.
　○ 今まで 頑張(がんば)ったのに……(지금까지 노력했는데……)
　○ いっしょうけんめい べんきょうしたのに。{열심히 공부했는데(결과가 만족스럽지 못하다는 어감을 내포하고 있음).}

11

방문

⋮

1. 대문 앞에서
2. 현관에서
3. 응접실에서
4. 방문을 마치고 돌아갈 때

1 대문 앞에서(門の前で)

キムチョルス_ ごめんください。
　　　　　실례합니다.

鈴木_ はい、どちらさまですか。
　　　네, 누구십니까?

キムチョルス_ キムチョルスです。
　　　　　김철수입니다.

鈴木_ ああ、金さん、ようこそ お越しくださいました。
　　　아, 김철수 씨, 잘 오셨습니다.

　　　どうぞ、おはいりください。
　　　자, 들어오세요.

キムチョルス_ おじゃまします。
　　　　　실례하겠습니다.

 새단어

- どちら様(さま) 어느 분
- 入(はい)る 들어오(가)다
- お越(こ)し 행차(오시는 일, 가시는 일) (존경 표현)
- 邪魔(じゃま) 방해 お邪魔(じゃま)する 방해하다

✽ ごめんください   실례합니다

○ 남의 집이나 사무실에 찾아갔을 때 밖에서 안에 있는 사람을 부를 때 표현. '실례합니다 / 계십니까?'에 해당한다. 좀더 정중한 표현은 ごめんくださいませ라고 한다.

○ 가게 등에 갔을 때 주인이 보이지 않을 때도 사용한다.

○ 전화를 끊을 때도 じゃ、ごめん ください(그럼 실례하겠습니다)라고 한다.

✽ ようこそ お越(こ)しくださいました   잘 오셨습니다

ようこそ는 상대방의 방문에 대한 환영의 뜻을 나타내는 말, おこしくださいました는 いらっしゃいました와 같은 말이다.

○ ようこそ 韓国(かんこく)へ。(한국에 잘 오셨습니다.)

○ ようこそ いらっしゃいました。(잘 오셨습니다.)

○ いらっしゃい。お待(ま)ちして おりました。
　(어서 오세요, 기다리고 있었습니다.)

○ いらっしゃい、どうぞ。(어서 오세요. 들어오세요.)

✽ おじゃまします   실례하겠습니다

남의 집을 방문할 때 방문한 사람이 들어가면서 하는 말이며, 失礼(しつれい)します라고 해도 된다.

용건을 보고 돌아갈 때는 おじゃましました(실례했습니다) 또는 失礼しました라고 한다.

2 현관에서(玄関で)

いえのひと
家の人 いらっしゃい。どうぞ おあがりください。
어서오세요. 자, 올라오세요.

きゃく
客   失礼します。
실례하겠습니다.

あのう、これ つまらないものですが どうぞ。
저, 이것 변변찮은 것인데요. 받으세요.

いえのひと
家の人 まあ、ご丁寧に どうも。どうぞ こちらへ。
어머, 감사합니다. 자, 이쪽으로.

きゃく
客   ありがとうございます。
감사합니다.

 새단어

- あがる 오르다, 올라가다
- つまらない 보잘것없다, 하찮다
- 失礼(しつれい)する 실례하다
- 丁寧(ていねい)だ 정중(공손)하다

※ **いらっしゃい。** 어서오세요.

일반적으로 집에서 맞이할 경우는 いらっしゃい만으로도 무난하지만, 가게나 음식점, 호텔, 백화점과 같은 영업 장소에서는 いらっしゃいませ(いらっしゃい보다 경어)라고 한다.

※ **おあがりください** 올라오세요

방문시 들어오라고 할 때 おあがりください, おはいりください(들어오세요)라고 하기도 하는데, 집은 현관에서 구두를 벗고 올라가므로 주로 お上(あ)がりください、사무실 같은 턱이 없는 곳에서는 どうぞ おはいりください(자 들어오세요)라고 한다.

※ **これ、つまらないものですが どうぞ**
　이것 변변찮은 것인데요. 받으세요

흔히 선물을 줄 때 상투적으로 쓰는 표현으로 つまらないものですが라고 한다. つまらない는 '보잘것없다, 변변치 않다' 라는 의미이다.

※ **ご丁寧(ていねい)に どうも** 정중하게도 감사합니다

どうも는 다음에 ありがとうございます가 생략된 자체로도 많이 쓰인다.

○ ご丁寧(ていねい)に ありがとうございます。(정중하게도 감사합니다.)
○ わざわざ どうも(ありがとうございます)。(일부러 감사합니다.)
○ では、遠慮(えんりょ)なく (いただきます)。(그럼 사양하지 않고 받겠습니다.)

✱ 방문 에티켓

1 방문하기 전에 전화 등으로 약속을 한다.
2 현관에 들어갈 때 'お邪魔(じゃま)します 혹은 失礼(しつれい)します라고 하고 들어간다.
3 구두는 구두 앞쪽이 현관 쪽을 향하도록 가지런히 하고 들어간다.
4 집을 방문할 때는 간단한 선물(てみやげ)를 가지고 가는데, 꽃이나 케이크와 같은 음식물(즉 냉장고에 바로 들어가야 하는 것) 등은 현관에서 건네며, 다른 것이라면 들어가서 건넨다.
5 돌아갈 때는 정말 고마웠다는 인사말을 한다.

3 응접실에서(客間で)

家の人 どうぞ、お楽に なさって ください。
자, 편하게 하세요(계세요).

客 はい、ありがとうございます。
네, 감사합니다.

とても すてきな お住まいですね。
매우 멋진 집이네요.

家の人 とんでも ありません。
별말씀을요.

何か お飲み物は いかがですか。
뭐 마실 것 드시겠어요?

客 どうぞ おかまいなく。
(제게) 신경 쓰지 마세요.

家の人 お茶は いかがですか。
차는 어떠세요?

おいしい お茶が ありますけど。
맛있는 차가 있는데요.

客 じゃ、おねがいします。
그럼, 부탁합니다.

새단어

- なさる 하시다(する의 존경어)
- 楽(らく)だ 편안하다
- お飲(の)み物(もの) 음료수, 마실것
- お茶(ちゃ) 차
- 素敵(すてき)だ 아주 멋지다, 매우 근사하다
- お住(す)まい 주거
- お構(かま)い 構う(신경쓰다, 상관하다)의 명사형
- おいしい 맛있다

※ どうぞ お楽(らく)に なさって ください
　　자 편하게 하세요(계세요, 앉으세요)

같은 의미인 どうぞ お楽(らく)に (して ください)보다 존경 표현이며, 여기에서 ~なさって ください나 して ください를 생략하고 どうぞ お楽に만으로도 많이 쓰인다. 같은 장면에서 쓸 수 있는 표현으로 ご遠慮(えんりょ)なさらないで, どうぞ お楽(らく)に して ください(어려워 마시고 자 편히 계세요), どうぞ 気楽(きらく)に(자 편하게 계세요)라고 해도 된다.

※ とんでも ありません　천만에요, 별말씀을요, 당치도 않습니다

감사나 칭찬에 대한 응답을 할 때 とんでも ないです(ありません)이라고 한다.

A：日本語(にほんご)が お上手(じょうず)ですね。(일본어를 잘 하시네요.)

B：とんでも ありません。まだまだです。(천만에요, 아직 잘 못해요.)

감사에 대한 응답일 경우는 どういたしまして라고도 한다.

A：ありがとうございます。(감사합니다.)

B：いいえ。どういたしまして。(아뇨, 천만에요.)

✣ **何(なに)か お飲(の)み物(もの)は いかがですか**

　뭐 마실것 드시겠어요

주인이 손님에게 흔히 쓰는 표현으로 '마실것은 어떠세요, 즉 마실것을 드시겠습니까?'의 의미이다. いかがですか(어떠세요?)는 どうですか보다 공손한 표현이다.

✣ **どうぞ おかまいなく　(제게) 신경 쓰지 마세요**

손님에게 뭔가를 대접하려고 할 때 손님이 제게 신경 쓰지 말라는 표현으로 그런 장면에서 의례적으로 쓰는 표현이다.

4 방문을 마치고 돌아갈 때

회화_1

客 きょうは 本当に 楽しかったです。
오늘은 정말로 즐거웠습니다.

家の人 また、いらっしゃって ください。
또 오세요.

客 ありがとうございました。
감사합니다.

じゃ、きょうは これで 失礼します。
그럼, 오늘은 이만 실례하겠습니다.

家の人 お気を つけて。
살펴가세요.

 새단어

- 本当(ほんとう)に 정말로
- 楽(たの)しい 즐겁다
- 気(き)を つける 주의하다, 조심하다

✼ **今日(きょう)は 本当(ほんとう)に たのしかったです**
　　오늘은 정말로 즐거웠습니다

　돌아갈 때 감사의 말은 예의이다. 今日(きょう)は いろいろと お世話(せわ)に なりました(오늘은 여러가지로 신세를 졌습니다), 식사 대접을 받았다면 今日は 本当(ほんとう)に ごちそうさまでした。すごく おいしかったです(오늘은 정말 잘 먹었습니다. 아주 맛있었습니다), 心からのおもてなし、ありがとうございました (마음을 담은 대접, 감사합니다) 등.

✼ **また いらっしゃって ください　또 오세요**

　また おいで ください(또 오세요)라고도 한다. また いらして ください와 같은 말이며, 같은 장면에서 もう お帰(かえ)りですか(벌써 가시겠어요), 来(き)て いただいて こちらこそ たのしかったです(와 주셔서 저야말로 즐거웠습니다), いつでも また お越(こ)し ください(언제라도 또 오세요) 등의 표현을 할 수 있다.

✼ **じゃ、今日(きょう)は これで 失礼(しつれい)します**
　　그럼, 오늘은 이만 실례하겠습니다

　손님이 돌아갈 때 하는 인사로 같은 장면에서 じゃ、おじゃましました(失礼(しつれい)しました。)(그럼, 실례했습니다.) 등도 쓸 수 있다.

✼ **お気(き)を つけて　살펴 가세요, 안녕히 가세요**

　さようなら보다 헤어질 때 인사로 많이 쓰인다. さようなら는 결별할 때나, 오랫동안 만나지 못할 경우 헤어질 때 인사로 많이 쓰인다.

회화_2

きゃく
客_ もう そろそろ 帰らせて いただきます。
이제 슬슬 가야겠습니다.

いえのひと
家の人_ まだ、いいじゃ ありませんか。
아직 괜찮잖아요.

ゆっくりして いって ください。
천천히 계시다 가시지요.

きゃく
客_ いえ、すっかり 長居して しまいました。
아뇨, 너무 오래 있었습니다.

いえのひと
家の人_ そうですか。何のおかまいも できませんて。
그러세요. 아무 대접도 못해서요.

また いらして ください。
또 오세요.

きゃく
客_ 今日は 本当に 楽しかったです。
오늘은 정말 즐거웠어요.

こんど うちの方にも いらして ください。
다음에 우리 집에도 오세요.

じゃ、失礼(しつれい)いたしました。
그럼, 실례했습니다.

家の人　じゃ、ご家族(かぞく)の みなさまにも よろしく お伝(つた)え ください。
그럼, 가족 여러분께도 안부 전해 주세요.

ちょっと まって ください。駅(えき)まで 車(くるま)で お送(おく)りしますよ。
잠깐 기다리세요. 역까지 차로 모셔다 드리겠습니다.

새단어

- もう 이미, 이제
- そろそろ 슬슬
- まだ 아직
- 駅(えき) 역
- 車(くるま) (자동)차
- 送(おく)る 보내다
- ~させて いただく (허락을 받아)~하겠다, ~하다(지극히 공손한 표현)
- ~じゃ ありませんか ~하지 않겠습니까, ~하잖아요,
- ゆっくり 천천히
- 長居(ながい)する 오래 머물다, 오래 있다
- お構(かま)い 대접
- みなさま 여러분(皆(みな)さん보다 경의를 나타냄)
- 伝(つた)える 전하다

✳ もう そろそろ 帰(かえ)らせて いただきます
　　이제 슬슬 가야겠습니다

손님이 가면서 하는 말로 もう そろそろ おいとまします(이제 슬슬 가봐야겠습니다), そろそろ 帰(かえ)らないと(いけない가 생략된 표현으로, 슬슬 가봐야겠어요.) 등을 쓸 수 있다.

＊～(さ)せて いただく(もらう)는 매우 공손한 표현으로(당신의 허락을 받아 화자인 내가) '～하겠다'는 표현이다.
  ○ ちょっと はやめに 帰(かえ)らせて いただきます。(좀 일찍 귀가하겠습니다.)
  ○ 本日(ほんじつ)は 休(やす)ませて いただきます。
     (오늘 쉬겠습니다. 오늘 휴업하겠습니다.) (가게일 경우)

✽ 何(なん)の お構(かま)いも できませんで 아무 대접도 못해서요
의례적으로 하는 인사 표현이다. お構(かま)い 대접, 접대

✽ 今度(こんど) うちの方(ほう)にも いらして ください
   다음에 우리 집에도 오세요
다른 표현으로 今度(こんど) うちにも ぜひ お越(こ)しください。(다음에 저희 집에도 꼭 오세요.)라고도 한다.

✽ ご家族(かぞく)の みなさまにも よろしく お伝(つた)え ください
   가족 여러분께도 안부 전해 주세요
안부 전해 달라고 할 때 쓰는 표현이며, ご両親(りょうしん)にも よろしく お伝(つた)え ください(부모님께도 안부 전해 주세요), 吉田(よしだ)さんにも よろしく おつたえ ください(요시다 씨께도 안부 전해 주세요) 등과 같이 쓸 수 있다. 편한 관계에게는 ～にも よろしく(～에게도 안부 전해 주세요)라고 お伝(つた)え ください를 생략하기도 한다.

12

전화

1. 전화 걸고 바꿔 줄 때

2. 부재중

3. 잘못 걸려온 전화

1 전화 걸고 바꿔 줄 때

회화_1

金アミ_ もしもし、<ruby>鈴木部長<rt>すずきぶちょう</rt></ruby>の お<ruby>宅<rt>たく</rt></ruby>ですか。
여보세요. 스즈키 부장님 댁입니까?

おくさん_ はい、そうですが、どちらさまでしょうか。
네, 그렇습니다만, 누구십니까?

金アミ_ こちらは キンアミと <ruby>申<rt>もう</rt></ruby>しますが。
저는 김아미라고 합니다만,

<ruby>鈴木部長<rt>すずきぶちょう</rt></ruby> いらっしゃいますか。
스즈키 부장님 계십니까?

おくさん_ はい、金さんですね。
네, 김아미 씨시군요.

いま かわりますので しょうしょう お<ruby>待<rt>ま</rt></ruby>ちください。
지금 바꿔드릴 테니까 잠시 기다려 주십시오.

あなた、お<ruby>電話<rt>でんわ</rt></ruby>ですよ。
여보, 전화예요.

鈴木_ お電話かわりました。鈴木です。
전화 바꿨습니다. 스즈키입니다.

金アミ_ あ、部長、こんにちは。今 お電話 よろしいでしょうか。
아, 부장님, 안녕하세요. 지금 전화 괜찮으세요? (통화 가능하세요?)

 새단어

- もしもし (전화걸 때)여보세요
- お宅(たく) 댁
- そうです 그렇습니다.
- どちら様(さま) 어느 분(だれの 존경어)
- ~と もうす ~라고 말하다
- かわりますので 바꿔드릴 테니까
- ~ので ~ 때문에, ~이니까
- あなた 당신, 여보(아내가 남편을 부를 때도 표현)
- おでんわかわりました 전화바꿨습니다

※ **こちらは 金アミと 申(もう)しますが   저는 김아미라고 합니다만**

전화에서 ○○○です(○○○입니다), (会社名の) ○○○と 申(もう)します(~의 ○○○라고 합니다)라고 자신을 밝히는 것이 예의이며, ○○○と 申しますは ○○○と いいます의 겸양 표현이다.

✽ **鈴木部長(すずきぶちょう) いらっしゃいますか**
　스즈키 부장님 계십니까

다른 표현으로 鈴木部長(すずきぶちょう) ご在宅(ざいたく)ですか(스즈키 부장님 댁에 계십니까?)라고 해도 되며, 전화에서 찾는 사람을 부탁할 때
　○ ～さんを おねがいします。(～씨 부탁합니다.),
　○ ～さんを おねがいしたいのですが。(～씨를 부탁하고 싶은데요.),
　○ ～さんを おねがいできますか。(～씨를 부탁할 수 있겠습니까?)라고 하기도 한다.

✽ **いま 変(か)わりますので しょうしょう お待(ま)ちください**
　지금 바꿔드릴 테니까 잠시 기다려 주십시오

お電話(でんわ) 変(か)わりますので 少々(しょうしょう) お待(ま)ちください(전화 바꿔드릴 테니까 잠시 기다려 주십시오)라고 해도 되며, 전화에서 흔히 쓰는 표현이므로 외워서 쓰도록 한다. 少々 お待ちくださいた ちょっと お待ち ください라고도 하며, ちょっと 待って ください보다 공손한 표현이다.

✽ **お電話(でんわ)かわりました. 鈴木(すずき)です**
　전화 바꿨습니다. 스즈키입니다

전화를 건네 받았을 때 お待(ま)たせしました(오래 기다리셨습니다)와 함께 쓰기도 한다. お待たせしました、お電話(でんわ)かわりました。鈴木(すずき)です。
　여기서 주의할 점은 鈴木さんです이나 鈴木部長です가 아닌 鈴木です 또는 鈴木でございます(鈴木です보다 공손한 표현)라고 하는데 주의한다. さん, 部長을 붙이면 전화 받는 자신이 자신을 높이는 꼴이 되므로 주의한다.
　비즈니스상 직위를 말해야 할 경우라면, 部長の吉田です라고 한다

회화_2

会社の人_ はい、マルグンチャンで ございます。
네, 맑은창입니다.

金アミ_ 韓国書店の金と 申します。
한국서점의 김이라고 합니다.

失礼ですが、営業部を おねがいします。
실례지만 영업부를 부탁합니다.

会社の人_ お回ししますので（切らずに）
돌려드릴 테니까 (끊지 말고)

少々 お待ち ください。
잠시 기다려 주세요.

営業部の人_ はい、営業部で ございます。
네, 영업부입니다.

金アミ_ 本を 注文したいんですが。
책을 주문하고 싶은데요.

営業部の人_ 恐れ入りますが、担当の者に おつなぎしますので、
죄송합니다만, 담당자에게 연결해 드릴 테니까

ちょっと お待ち ください。
잠시 기다려 주세요.

担当の者	お待たせして 申し訳ございません。
	기다리게 해서 죄송합니다.
	担当の 鈴木で ございます。
	담당인 스즈키입니다.

 새단어

- 書店(しょてん) 서점
- 営業部(えいぎょうぶ) 영업부
- 切(き)らずに 끊지 말고
- 担当(たんとう)の者(もの) 담당자(겸양 표현)
- そのまま 그대로, 주문하다
- おつなぎする 연결해드리다(繋(つな)ぐ잇다, 연결하다의 겸양 표현)
- お待(ま)たせする 기다리게 하다(待(ま)たせる의 겸양 표현)
- お回(まわ)しする 돌려드리다(回(まわ)す의 겸양 표현)

✲ はい、マルグンチャンで ございます 네, 맞은창입니다

*～で ございます는 ～です의 정중한 표현이다. 일반적으로 전화받는 쪽에선 はい、○○○で ございます라고 한다.

참고로 ～です의 존경 표현은 ～で いらっしゃいます(～이십니다)

○金:　　　　　　　吉田さんの お母さんで いらっしゃいますか。

　　　　　　　　　(요시다 씨의 어머님이십니까?)

○吉田さんのお母さん: はい、吉田の母で ございます。

　　　　　　　　　(네, 요시다의 에미입니다.)

吉田が いつも お世話に なって おります。
(요시다가 늘 신세를 지고 있습니다.)

✲ 失礼(しつれい)ですが、営業部(えいぎょうぶ)を おねがいします
실례지만 영업부를 부탁합니다

뭔가 부탁하고자 할 때 失礼ですが나 좀더 격식을 차릴 때는 恐(おそ)れ入(い)りますが(죄송합니다만)이라고 한 다음 부탁하는 것이 더욱 자연스럽다.

✲ お回(まわ)ししますので 少々(しょうしょう) お待(ま)ち ください
돌려드릴 테니까 잠시 기다려주세요

お電話(でんわ)を 担当(たんとう)の者(もの)に お回しします(전화를 담당자에게 돌려드리겠습니다)라고도 하며, おつなぎしますので、しょうしょう(ちょっと) お待ち ください(연결해 드릴 테니까 잠시 기다려주세요)와 함께 많이 쓰는 표현이므로 외워서 활용하도록 하자.

　＊～ずに ～하지 않고, ～하지 말고, ～ないで와 같으나 문어적 표현으로 격식 갖춘 표현이다.

　する→せずに인 점에 주의하자.

　○勉強(べんきょう)は せずに いつも アニメばかり 見(み)て います。

　　(공부는 하지 않고, 늘 애니메이션만 보고 있습니다.)

　○不平(ふへい)も 言(い)わずに よくついて きて くれます。

　　(불평도 하지 않고 잘 따라와 줍니다.)

2 부재중

● 회화_1

山田の奥さん_ はい、山田でございます。
네, 야마다입니다.

金アミ_ こちらは 韓国の 金と 申しますが、
저는 한국의 김이라고 합니다만,

山田さんを お願いしたいんですが。
야마다 씨를 부탁하고 싶은데요.

山田の奥さん_ 主人が いつも お世話に なって おります。
남편이 늘 신세를 지고 있습니다.

主人は あいにく 出かけて おりますが。
남편은 공교롭게 외출했습니다만,

金アミ_ そうですか。何時頃 お戻りになりますか。
그러세요. 몇 시쯤 돌아오십니까?

山田の奥さん_ そうですね。よくわかりませんが、
글쎄요. 잘 모르겠습니다만,

6時までには 帰ると 思いますが。
6시까지는 돌아올 거예요.

何か ご伝言 おありですか。
무슨 전할 말이라도 있으십니까?

金アミ_ 金から 電話が あったと お伝えください。
김으로부터 전화가 왔었다고 전해주세요.

山田の奥さん_ わかりました。
알겠습니다.

金アミ_ では、よろしく お願いします。ごめんください。
그럼 잘 부탁합니다.   실례하겠습니다

 새단어

- 主人(しゅじん) (자기)남편
- あいにく 공교롭게
- 出掛(でか)ける 외출하다
- 何時頃(なんじごろ) 몇 시경
- 戻(もど)る 되돌아오다
- 伝言(でんごん) 전언

☆ 主人(しゅじん)が いつも お世話(せわ)に なって おります

남편이 늘 신세를 지고 있습니다

실제로 신세를 졌다기보다는 의례적인 인사 표현이다.

○ 先生(せんせい)、うちの子(こ)が いつも お世話に なって おります。
  (선생님, 우리 애가 늘 신세를 지고 있습니다.)

✤ **主人(しゅじん)は あいにく 出(で)かけて おりますが**
　남편은 공교롭게 외출했습니다만

出かけて おりますが 대신에 留守(るす)ですが(부재중입니다만)라고 해도 되며, 회사에서라면 (ただいま) 席(せき)を はずして おりますが(지금 공교롭게도 자리를 비웠습니다만), ほかの電話(でんわ)に 出(で)て おりますが(다른 전화를 받고 있는데요) 등으로 응용해 보자. ただいま 会議中(かいぎちゅう), {外出中(がいしゅつちゅう)}, 出張中{(しゅっちょうちゅう)ですが} {지금 회의중(외출중, 출장중)인데요} 등의 표현도 알아서 장면에 맞게 응용하도록 하자.

✤ **そうですか、何時頃(なんじごろ) お戻(もど)りになりますか**
　그러세요. 몇 시쯤 돌아오십니까

お戻(もど)りに なりますか 대신 お戻りですか、お帰(かえ)りになりますか、お帰(かえ)りですか라고 할 수 있으며,
* お동사의 ます형 に なる(~하시다)는 존경 표현이다.
いつ お帰りに なりますか(언제 돌아오십니까?)
또 하나의 존경 표현으로는 お동사의 ます형 です(~하십니다)가 있다.
○ お帰りですか。(귀가하십니까?)
○ お決まりですか。(결정하셨습니까? 즉, 식당이라면) 주문 받겠습니다.)
○ 何か お困りのようですね。(뭔가 난처하신 것 같군요.)

✤ **何(なに)か ご伝言(でんごん) おありですか**
　무슨 전할 말이라도 있으십니까

다른 표현으로 何か 伝言(でんごん)が ございましたら、お伝(つた)えしますが(무

슨 전할 말 있으시면 전해드리겠습니다만), ご伝言(でんごん)承(うけたまわ)ります (전언 있으시면 말씀하세요)라고도 한다.

✽ 金(きん)から 電話(でんわ)が あったと お伝(つた)えください
김으로부터 전화가 왔었다고 전해 주세요

무슨 전할 말이 있느냐는 질문에 대한 대답으로 いいえ、けっこうです(아뇨, 괜찮습니다), また お電話します(또 전화드리겠습니다), また かけ直(なお)します(다시 또 걸겠습니다), また あとで おかけします(다음에 또 걸겠습니다) 등으로 바꿔 표현할 수 있다.

明日の会議が 中止(ちゅうし)に なったと おつたえください。
(내일 회의가 중지되었다고 전해주세요.)

✽ じゃ、ごめんください **그럼, 실례하겠습니다**

전화를 끊을 때 인사이며, じゃ、失礼(しつれい)します(失礼いたします), じゃ、どうも라고도 한다.

또 ごめんください는 전화 끊을 때뿐만 아니라 남의 집을 방문했을 때에도 쓴다.

회화_2

マルグンチャン_ はい、マルグンチャンでございます。
네, 맑은창입니다.

吉田_ 日本の 吉田と 申しますが、
일본의 요시다라고 합니다만,

金課長を お願いできますか。
김과장님을 부탁드릴 수 있겠습니까?

マルグンチャン_ 課長の 金ですね。
김과장요.

ちょっと お待ちいただけますか。
잠시 기다려 주시겠습니까?

申し訳ございませんが、課長の 金は ただいま
죄송합니다만, 김과장은 지금

席を はずして おりますが。お急ぎでしょうか。
자리를 비웠습니다만, 급하십니까?

吉田_ ちょっと 急ぎなんですが、
조금 급합니다만,

マルグンチャン_ そうですか。もどりしたい おりかえし、
그러세요. 돌아오는 대로 바로,

お電話するように お伝えします。
전화드리도록 전하겠습니다.

吉田_ じゃ、おねがいします。
그럼, 부탁드립니다.

 새단어

- ~で ございます ~입니다(~です의 정중한 표현)
- 課長(かちょう) 과장님
- 急(いそ)ぐ 서두르다
- おりかえし 받은 즉시, 즉시
- ただいま 지금(いま의 격식 갖춘 말)
- 席(せき)をはずしておる 자리를 비우다

❋ 金課長(金かちょう)を お願(ねが)いできますか。
  요시다 과장님을 부탁드릴 수 있겠습니까?

お ~できる는 お~する의 가능동사이며, ~ことが できる(~할 수 있다)보다 공손한 표현이다.

❋ ちょっと お待(ま)ちいただけませんか。 잠시 기다려 주시겠습니까?

잠시 기다려달라고 할 때 少々(しょうしょう) お待ちください도 많이 쓰지만 정중하게 ちょっと おまちいただけませんか라고도 한다.
　*お 동사의 ます형 いただけませんか/ ご(お) 한자어 いただけませんか(~해 주시지 않겠습니까? ~해 주시겠습니까?)는 ~て いただけませんか보다 정중한 표현이다.
　○ここに お名前(なまえ)と ご住所(じゅうしょ)を ご記入(きにゅう)いただけませんか。
　　(여기에 성함과 주소를 기입해 주시겠습니까?)

✤ 課長の金は ただいま 席(せき)を はずしておりますが
요시다 과장은 지금 자리를 비웠습니다만

전화는 공손한 표현이나 경어를 쓴다. 전화 받는 쪽에게는 깍듯이 해야 하므로 金課長(존경어감이 들어 있음)이라고 표현해야 하지만, 여기서처럼 他社에게 자기 회사 사람을 말할 때는 課長の金라고 해야 한다. ただいま는 いま의 격식 갖춘 말이다. 자리에 없다고 할 때 席に いません이 아닌 席を はずして おります(자리를 비웠습니다)라고 일반적으로 말하므로 기억해 두자. 이 상황에서 다른 말로 바꿔 말할 수 있는 표현으로는 ただいま 会議中(電話中, 出張中)なんですが(지금 회의중(전화중, 출장중)인데요), ほかの 電話に 出て いるんですが(다른 전화를 받고 있는데요), 外出して おりますが(외출했는데요) 등으로 표현할 수 있다.

✤ もどりしだい おりかえし、お電話(でんわ)するように お伝(つた)えします
돌아오는 즉시 전화드리도록 전하겠습니다

*~연체형ように ~하도록
　○早(はや)く 帰(かえ)るように します。(빨리 가도록(귀가하도록) 하겠습니다.)
　○お酒(さけ)と タバコを やめるように お医者(いしゃ)さんに 言(い)われました。
　　(술과 담배를 끊도록 의사선생님이 말씀하셨습니다.)

＊일본어는 상대 존경어

일본인은 상대방에게 자기 회사 사람이나 자기 가족을 말할 때 비록 말하려는 사람이 윗사람이나 남편일지라도 ~さん을 붙이지 않으며, 경어를 쓰지 않는다. 이는 일본어가 연령에 관계 없이 내 쪽보다는 상대방을 높이는 상대존경어이기 때문이다.

예) 金_　　　吉田さんは いらっしゃいますか。
　　　　　　요시다 씨는 계십니까?

　おくさん_　吉田は あいにく 留守(るす)にして おります。(○)
　　　　　　요시다는 공교롭게도 부재중입니다.

　　　　　　吉田さんは あいにく るすにして おります。(×)
　　　　　　요시다 씨는 공교롭게도 부재중입니다.

　　金_　　　吉田課長(よしだかちょう)を おねがいします。
　　　　　　요시다 과장님을 부탁합니다.

　社員_　　　課長(かちょう)の 吉田(よしだ)は あいにく でかけて おりますが。(○)
　　　　　　과장인 요시다는 공교롭게도 외출중입니다만.

　　　　　　吉田課長は あいにく でかけて おりますが。(×)
　　　　　　요시다 과장님은 공교롭게도 외출중입니다만.

✱공손한 전화 표현

전화 표현은 서로 얼굴을 보지 않고 대화를 하기 때문에 평상시보다 경어나 겸양어를 쓴다.

공손한 표현	보통 표현	의미
金さんのおたくですか	金さんのいえですか	김씨 집입니까?
金さん いらっしゃいますか	金さん いますか	김씨 있습니까?
ただいま	いま	지금
せきをはずしております	せきをはずしています	자리를 비웠습니다.
トンデムンでございます	トンデムンです	동대문입니다.
ほかのでんわにでております	ほかのでんわにでています	다른 전화를 받고 있습니다
おいそぎですか	いそぎますか	급하십니까?
おかえりですか	かえりますか	돌아가(오)십니까?
ございますか	ありますか	있습니까?

3 잘못 걸려온 전화

🔵 회화_1

金アミ_もしもし、幸子(さちこ)さんの お宅(たく)ですか。
여보세요, 사치코 씨 댁입니까?

鈴木(すずき)_ いいえ、違(ちが)います。
아니요, 아닙니다.

金アミ_すみません。間違(まちが)えました。
죄송합니다. 잘못 걸었습니다.

📖 새단어

- 違(ちが)う 다르다, 틀리다
- 間違(まちが)える 잘못 알다, 실수를 저지르다

※ **いいえ、違(ちが)います** 아니요, 아닙니다

사실과 다를 때는 ちがう를 쓴다.

※ **間違(まちが)えました** 잘못 걸었습니다

전화 상황이었을 때는 전화를 잘못 걸었다는 의미이다.

○ 間違い電話(でんわ) (잘못건 전화)

회화_2

金アミ_もしもし、アサガオ花屋(はなや)さんでしょうか。
여보세요, 아사가오 꽃집이죠.

すず_ いいえ、こちらは鈴(すず)でございます。おまちがえのようですが、
아뇨, 여기는 스즈입니다. 잘못 건 것 같은데요,

何番(なんばん)に お掛(か)けに なりましたか。
몇 번 거셨습니까?

金アミ_123-4567です。
123-4567입니다.

すず_ こちらは 123-4568です。
이쪽은 123-4568입니다.

金アミ_すみません。かけまちがえました。失礼(しつれい)します。
죄송합니다. 잘못 걸었습니다. 실례하겠습니다.

 새단어

▎花屋(はなや)さん 꽃집, 꽃집 주인　　▎何番(なんばん) 몇 번
▎かける 걸다{電話(でんわ)をかける의 かける의 의미}
▎かけまちがえる 전화를 잘못 걸다(まちがえる와 같은 의미)

✼ アサガオ花屋(はなや)さんでしょうか　아사가오 꽃집이죠

アサガオ는 꽃집 이름이며, 花屋(はなや)이라고 해도 되겠지만, 직접 당사자에게 말을 할 때는 花屋さん이라고 하는 것이 더 좋다.

○ お寿司屋(すしや)さん (초밥집, 초밥집 주인)　　○ 八百屋(やおや)さん (야채가게, 야채가게 주인)　　○ 本屋(ほんや)さん (서점, 서점 주인)

✼ 회사 조직과 직책명

일본 회사에서의 직책명은 우리 나라와 크게 다르지 않다. 그러나 한자의 독음이나 표현에서 약간의 차이가 있으므로 기억해 두는 것이 좋겠다.

즉 取締役(とりしまりやく)--
　　　　　　社長(しゃちょう) 사장
　　　　　　副社長(ふくしゃちょう) 부사장
　　　　　　専務(せんむ) 전무
　　　　　　常務(じょうむ) 상무
　　　　　　部長(ぶちょう) 부장
　　　　　　課長(かちょう) 과장
　　　　　　係長(かかりちょう) 계장
　　　　　　主任(しゅにん) 주임
　　　　　　平社員(ひらしゃいん) 평사원

1. 取締役(とりしまりやく)은 임원이나 중역으로 경영에 참가하여 회사 운영에 책임 있는 사람을 가리킨다.
2. 일본에는 차장(次長), 대리(代理)라는 직책이 없는 것이 아니지만 우리처럼 모든 회사가 일반적으로 도입한 것은 아니다.

3. 부(ふく)사장, 평(ひら)사원의 일본어 발음에 주의하자.
4. 일본은 한국에 비해 진급의 평균 연령이 늦다. 특히 남자들의 경우 한국과 같은 군복무가 없어 학교 졸업 후 바로 취업을 하므로 사회생활을 시작하는 시점은 한국에 비해 빠르나, 일반적으로 30년 근속은 해야 부장이 될 수 있다. 그러므로 50대 이전에 부장이 되는 것은 쉽지 않은 일이다.

✱ こちらは 123-4568です   이쪽은 123-4568입니다

전화에서 こちら는 상대방에 대한 이쪽이라는 개념에서 私가 아닌 こちら이다.

✱ 전화 번호 읽기

숫자는 그대로 하나하나 읽으면 되며, 지역번호와 국번 사이의 (-)는 の로 읽으면 된다. 예를 들면 123-4567이라면 いち に さん の よん ご ろく なな라고 읽는다.
(0)의 경우는 (れい, ゼロ, まる) 등으로 읽는다. 305-7003이라면 さん まる ごの なな まる まる さん이나 さん ゼロ ごの なな ゼロ ゼロ さん이라고 읽는다.

13

부탁

1. 부탁하기

2. 허가를 구할 때

3. 거절하기

1 부탁하기

● 회화_1

金アミ_鈴木さん、ちょっと いいですか。
스즈키 씨, 잠시 괜찮으세요?

鈴木_ はい、なんでしょう。
네, 무슨 일이시죠?

金アミ_ちょっと お願いが あるんですけど。
좀 부탁이 있는데요.

鈴木_ どうぞ。
말씀하세요.

金アミ_日本語で 小論文を 書いたんですが、
일본어로 소논문을 썼는데요,

ちょっと 目を 通して くださいませんか。
좀 대충 훑어봐 주시겠습니까?

鈴木_ いいですよ。すごいですね。
좋아요. 대단하시네요.

金アミ_どうも。
감사합니다.

새단어

- よろしい 괜찮다
- 小論文(しょうろんぶん) 소논문
- お願(ねが)い 부탁
- 目(め)を通(とお)す 대충 훑어보다

※ **ちょっと いいですか 잠시 괜찮으세요**

용건이 있을 때 상대방의 상황, 입장을 묻는 표현으로 ちょっと よろしいですか장라라고도 하며, ちょっと いいですか보다 ちょっと よろしいですか가 좀더 정중한 느낌을 준다. ちょっと(お時間(じかん), ご都合(つごう)) よろしいですか{잠시 (시간, 형편) 괜찮으세요?}의 의미가 된다.

※ **ちょっと お願(ねが)いが あるんですけど   좀 부탁이 있는데요**

부탁하기 전에 운을 띄워서 부드럽게 하며, 부탁하는 이유를 설명한다면 더욱 원만해질 것이다. すみませんが、ちょっと 頼(たの)みたい ことが あるんですが(좀 부탁하고 싶은 게 있는데요), お願いしたい ことが あるんですが(부탁하고 싶은 일이 있는데요) 등을 활용해 보자.

※ **ちょっと 目(め)を 通(とお)して くださいませんか**
   좀 대충 훑어봐 주시겠습니까

*～て くださいませんか＝(～に)～ていただけませんか(～해 주시지 않겠습니까?～해주시겠습니까?)는 매우 정중하게 부탁할 때 쓰는 표현으로 손윗사람에게 쓰며, 이 외에도 정중한 표현인 ～て くれませんか＝(～に)～てもらえませんか(～해 주지 않겠

어요? ~해 주시겠어요?) ~てくれますか=(~に)~もらえますか(~해 주시겠어요?)는 동료나 연상의 편안한 관계에게 쓰는 표현이며, 손아래나 가까운 친구나 가족 등에게는 ~てくれない? = ~てもらえない?(~해 주지 않을래?, ~해 주겠니?) ~て?(~해 줘) 등으로 표현한다. 이처럼 상대방과의 관계나 어려운 부탁인지 아닌지에 따라 상황에 맞게 표현하는 것이 중요하다.

~てください도 일반적으로 많이 쓴다. 다만, 명령의 의미로 쓰일 때는 손윗사람에게는 곤란하다.

※ いいですよ　　좋아요

승낙할 때 가장 일반적인 표현으로 いいですよ, はい、わかりました(네, 알겠습니다) 등이 있지만, 윗사람에게는 はい、わかりました가 더욱 바람직하다. 영업장소라면 はい、かしこまりました(네, 잘 알겠습니다)가 더욱 적절하다.

회화_2

金アミ_ 鈴木さん、今度の日曜日、お時間 いただけますか。
　　　　스즈키 씨, 이번 일요일날 시간 내실 수 있겠습니까?

鈴木_ ええ、空いて いますけど。
　　　네. 비어 있는데요.

金アミ_ 実は 国から 友達が 日本へ 来るんですが、
　　　　실은 모국에서 친구가 일본에 오는데,

　　　ちょっと 付き合って いただきたいんですが。
　　　좀 동행해 주셨으면 합니다만.

鈴木_ 私で よければ。
　　　제가 도움이 된다면요.

金アミ_ どうも ありがとうございます。
　　　　대단히 감사합니다.

 새단어

- 今度(こんど) 이번
- 日曜日(にちようび) 일요일
- 国(くに) 모국
- (時間が)空(あ)く (시간이) 비다
- 実(じつ)は 실은
- 友達(ともだち) 친구
- 付(つ)き合(あ)う 행동을 같이하다, 교제하다
- よければ 좋으면(いい、よい의 가정형)
- いただける 받을(얻을) 수 있다(いただく의 가능동사)

ちょっと 付(つ)き合(あ)って いただきたいんですが
좀 동행해 주셨으면 합니다만

* ~て いただき(もらい)たい(~해 주셨(었)으면 한다)는 해주길 희망하는 정중하고 완곡한 표현으로 부탁하기 곤란하거나 어려울 때 쓴다. 이처럼 정중하고 완곡한 의뢰, 부탁 표현으로는

~て いただけ(もらえ)ませんでしょうか(~해 주실 수 없을까요? ~해 주시겠습니까?)나

~て いただきたい(もらいたい)んですが(~해 주셨으면 하는데요)나

~て いただける(もらえる)と ありがたいんですが(~해 주시면 고맙겠습니다만) 등으로 표현 가능하다.

私で よければ 제가 도움이 된다면요

승낙할 때 표현으로 いいですよ。はい、わかりました 이외에도 私で よければ、よろこんで(기꺼이). はい、そうしましょう(네, 그렇게 하겠습니다) 등도 응용할 수 있다.

2 허가를 구할 때

● 회화_1

金アミ_ あのう すみませんが、携帯(けいたい)を ちょっと
　　　　저, 죄송합니다만, 휴대폰을 좀

貸(か)して いただけないでしょうか。
빌려 주시겠어요?

鈴木(すずき)_ 悪(わる)いんですけど、バッテリーが 切(き)れて しまいまして。
　　　　미안한데요, 전원이 끊겨버려서요.

金アミ_ そうですか。じゃ、近(ちか)くに (公衆)電話(こうしゅうでんわ)が ありますか。
　　　　그러세요. 그럼, 근처에 (공중)전화가 있습니까?

田中(たなか)_ ええ、あそこに 見(み)えるでしょう。
　　　　네, 저기에 보이죠?

金アミ_ はい、どうも。
　　　　네, 감사합니다.

 새단어

- 携帯(けいたい) 휴대폰
- 貸(か)りる 빌려주다 ＊借(か)りる 빌리다
- 電源(でんげん) 전원
- 切(き)れる 끊기다
- ～て しまう ～해 버리다
- 近(ちか)く 근처
- (公衆)電話(こうしゅうでんわ) (공중)전화
- 見(み)える 보이다

13. 부탁 _261

❋ 携帯(けいたい)を ちょっと 貸して いただけないでしょうか

휴대폰을 잠시 빌려 주시겠습니까

*〜て いただけないでしょうか、〜て いただけませんでしょうか는 부탁하기 곤란하거나 어려울 때 매우 공손하고 완곡하게 부탁하는 표현이다.

*〜ても いいですか(〜해도 되겠습니까?) 허락을 구할 때 표현이다. 같은 표현으로
　〜ても かまいませんか。(〜해도 상관없습니까?)
　〜ても よろしいですか。(〜해도 괜찮겠습니까?)

❋ 悪(わる)いんですけど、電源(でんげん)が 切(き)れて しまいまして

미안한데요, 전원이 끊겨 버려서요

거절은 아니지만 상황이 곤란할 때 미안한 마음을 전하고, 이유를 설명하면 부드럽다.

손윗사람이라면 申(もう)し訳(わけ)ありませんが、申し訳ございませんが、すみませんが, 동료나 연상의 편안한 관계라면 すみませんが、ごめんなさい、悪(わる)いんですが 등을 손아래나 친한 관계라면 ごめん、すまん(주로 남성)、わるいけど 등을 말할 수 있다.

*〜て しまう(〜해 버리다), 축약형은 〜동사의 ます형 ちゃう(じゃう)이다.
　○食(た)べて しまった　　食(た)べちゃった (먹어 버렸다)
　○読(よ)んで しまう　　　読(よ)んじゃう (읽어 버리다)

회화_2

金アミ_ 主任、申し訳ないんですが 明日 一日 バイトを
주임님, 죄송한데요. 내일 하루 아르바이트를

休ませて いただけませんでしょうか。
쉬게 해 주시겠습니까?

主任_ どうしたんですか。
무슨 일이세요?

金アミ_ 実は あした 母の 誕生日なので、
실은 내일 어머니 생신이어서,

いなかに 帰りたいと 思って……
고향에 가고 싶어서요.

主任_ そうですか。分かりました。行っていらっしゃい。
그러세요? 알았습니다. 다녀오세요.

でも、あさっては 出られますね。
하지만, 모레는 나올 수 있겠죠?

金アミ_ はい、ありがとうございます。行って 来ます。
네, 감사합니다. 다녀오겠습니다.

새단어

- 母(はは) (자기)어머니
- 誕生日(たんじょうび) 생일
- 田舎(いなか) 고향, 시골
- 主任(しゅにん) 주임(우리의 대리 정도의 직위)
- 申(もう)し訳(わけ)ない 면목없다, 미안하다
- 実(じつ)は 실은
- バイト 아르바이트(アルバイトの 준말)
- 休(やす)ませる 쉬게 하다{休(やす)む의 사역형}
- 出(で)られる 나올 수 있다{出(で)る의 가능동사}

✼ 主任(しゅにん)　주임

일본에는 주임제도가 있는데, 우리 나라의 代理 정도에 해당하는 직급이다.

✼ バイトを 休(やす)ませて いただけませんでしょうか

아르바이트를 쉬게 해주실 수 없겠습니까

＊ ～(さ)せて いただけませんでしょうか(～하게 해주시겠습니까? ～하게 해주실 수 없겠습니까?)는 ～하게 해달라는 ～(さ)せて ください(～하게 해 주세요)보다 정중하고 완곡한 부탁이다.

＊ ～させて いただく(もらう)는 상대방의 허락을 받아서 (～하다)는 표현으로 매우 공손한 표현이다.

○ 発表させて いただきます。(발표하겠습니다.)

○ 行かせて もらいます。(가겠습니다.)

✲ でも、あさっては 出られますね 하지만, 모레는 나올 수 있겠죠

出(で)られるは でるの 가능 표현이다.

✲ 가능 표현

1. 동사의 기본형 ことが できる(~할 수 있다)

○ 読(よ)む → よむ ことが できる (읽을 수 있다)

○ 起(お)きる → おきる ことが できる(일어날 수 있다)

○ 運動(うんどう)する → うんどう する ことが できる(운동할 수 있다)

2. 一段동사 →~るを 탈락시키고, られる를 붙인다.

○ でる → でられる(나갈 수 있다)

○ 食(た)べる → たべられる(먹을 수 있다)

○ 起(お)きる → おきられる(일어날 수 있다)

3. 五段동사 → 어미 う段을 え段으로 고치고 る를 붙인다.

○ 読(よ)む → よめる(=よむ ことが できる) (읽을 수 있다)

○ 書(か)く → かける(=かく ことが できる) (쓸 수 있다)

4. する → できる(할 수 있다)

○ 運動(うんどう)する → うんどう できる(=うんどう する ことが できる)
(운동할 수 있다)

○ 来(く)る → こられる(올 수 있다)

3 거절하기

회화_1

母親(ははおや)　あした、もう すこし 早(はや)く 帰(かえ)って 来(き)て くれない。
　　　　　내일 좀 일찍 와주겠니?

娘(むすめ)　どうして。
　　　　왜요?

母親(ははおや)　お客(きゃく)さんが 来(く)るの。で、ちょっと 手伝(てつだ)って ほしいんだけど。
　　　　　손님이 오거든.　　　그래서 좀 도와주었으면 하는데.

娘(むすめ)　ごめんなさい。あしたは 友達(ともだち)と 約束(やくそく)が あるの。
　　　　죄송해요.　　　　내일은 친구와 약속이 있어요.

土曜日(どようび)なら いいんだけど。
토요일이라면 괜찮은데요.

母親(ははおや)　ううん、いいの。大丈夫(だいじょうぶ)。
　　　　　아냐, 됐어. 괜찮아.

 새단어

- すこし 조금
- 早(はや)い 빠르다, 이르다(시간적으로)
- 手伝(てつだ)う 남의 일을 거들다, 돕다
- ~て ほしい ~해주길 바란다(우회적 표현)
- 約束(やくそく)が ある 약속이 있다
- 大丈夫(だいじょうぶ)だ 괜찮다

윗문장은 경어가 아닌 친한 관계끼리 쓸 수 있는 표현이다. 거절할 때는 상대방의 기분이 상하지 않도록 하는 것이 중요하며, 거절하게 되어 미안한 말(윗사람에겐 すみません, 申し訳ありませんが 등, 친한 관계는 ごめん(なさい)을 우선 전하고 이유를 말하거나 대안을 제시함으로써 안타까운 마음을 전한다면 좋을 것이다.

✽ お客(きゃく)さんが 来(く)るの   손님이 와

の는 여러 의미가 있지만 가벼운 단정을 나타내며, 인토네이션을 올리지 않는다.
- ○ 約束(やくそく)が あるの。(약속이 있어요.)
- ○ ううん、いいの。(아니, 됐어.)

✽ どうして   왜요

なんで와 같은 의미로 이유를 물을 때 친한 관계에서 쓰는 말이다. 윗사람에게는 どうしてですか라고 한다.

✽ ちょっと 手伝(てつだ)って ほしいんだけど   좀 도와주었으면 하는데

*〜て ほしい(〜해주길 바란다, 〜해 주었으면 한다)는 〜て もらいたい와 같은 의미로 완곡한 의뢰, 부탁의 한 표현이다.

〜ないで ほしい(〜하지 않길 바라다, 〜하지 말아주었으면 한다)
- ○ いつも 頑張(がんば)って ほしいです。(항상 노력해 주길 바랍니다.)
- ○ テレビは 見(み)すぎないで ほしいです。(TV는 너무 보지 말았으면 합니다.)

회화_2

金アミ_ 鈴木さん、ちょっと 頼んでも いいですか。
스즈끼 씨, 좀 부탁해도 되겠습니까?

鈴木_ ええ、何でしょうか。
네, 무슨 일이세요?

金アミ_ 来週 韓国へ 出張する ことに なった そうですね。
다음 주 한국에 출장가게 되었다면서요.

鈴木_ ええ、そうなんですけど。
네, 그런데요.

金アミ_ お忙しいだろうと おもうんですけど、帰りに ちょっと
바쁘시겠지만, 귀국 길에

本を 買って 来て いただきたいんですが。
책을 좀 사다 주셨으면 해서요.

鈴木_ 申し訳ありませんが、今度は 日帰り出張で
죄송한데요, 이번은 당일치기 출장이라서

時間が 取れそうに ないんですが。
시간을 낼 수 없을 것 같은데요.

つぎ しゅっちょう とき
次の出張の時じゃ いけないんですか。
다음 출장 때라면 안되겠습니까?

金アミ_ それが ちょっと。
그게 좀 곤란해서요.

 새단어

- 頼(たの)む 부탁하다
- 来週(らいしゅう) 다음 주 * 今週(こんしゅう) 이번 주
- 先週(せんしゅう) 지난 주
- 出張(しゅっちょう)する 출장가다
- ～ことに なる ～하게 되다
- 買(か)う 사다
- 日帰(ひがえ)り 당일치기

※ ちょっと 頼(たの)んでも よろしいですか 좀 부탁해도 되겠습니까

*～ても よろしいですか(～해도 됩니까/괜찮습니까?) 허락, 의뢰를 할 때 쓰는 표현이다. 같은 표현으로 ～ても いい(けっこう)ですか、～ても かまいませんか가 있다.

※ 本(ほん)を 買(か)って 来て いただきたいんですが

책을 사다 주셨으면 하는데요

*～て いただき(もらい)たい(～해 주셨(었)으면 한다)는 해주길 희망하는 정중하고 완곡한 표현으로 부탁하기 곤란하거나 어려울 때 쓴다.

*정중하고 완곡한 의뢰, 부탁 표현

○～て いただけ(もらえ)ませんでしょうか。

(～해 주실 수 없을까요? ～해 주시겠습니까?)

○～て いただきたい(もらいたい)んですが。(～해 주셨으면 하는데요.)
○～て いただける(もらえる)と ありがたいんですが。(～해 주시면 고맙겠습니다만.)
○韓国語を 教えて いただけませんでしょうか。(한국어를 가르쳐 주시겠습니까?)
○日本語を 休まず、続けて いただきたいんですが、
　(일본어를 쉬지 말고, 계속해주길 바랍니다만,)
○お茶を いれて もらえると ありがたいんですが、(차를 끓여 주면 고맙겠습니다만,)

✱ 時間(じかん)が 取(と)れそうに ないんですが
시간을 낼 수 없을 것 같은데요

時間(じかん)が 取(と)れる(시간을 낼 수 있다)는 時間(じかん)を とる(시간을 내다)의 가능동사.

＊～そうに ない(～하지 않을 것 같다, 안 ～할 것 같다)는 ～そうにも ない와 같은 표현이며, ～そうだ(様態)의 부정 표현이다.

○倒(たお)れそうに ないです。
　(넘어지지 않을 것 같습니다. 안 넘어질 것 같습니다.)
○落(お)ちそうにも ありません。(떨어지지 않을 것 같습니다. 안 떨어질 것 같습니다.)
○電話(でんわ)を かけそうにも ありません。(전화를 걸지 않을 것 같습니다.)

✱ 次(つぎ)の出張(しゅっちょう)の時(とき)じゃ いけないんですか
다음 출장 때라면 안되겠습니까

여기서는 대안을 제시하는 말이다. いけない(안 된다)는 だめだ와 같은 뜻이다.

○次の出張の時じゃ だめなんですか。(다음 출장 때면 안 되겠습니까?)

＊일본 여성들이 꼽는 이상적인 남편감

지금은 3底로서 低姿勢(ていしせい)、低(てい)リスク、低依存(ていいぞん)으로 옛날의 3高(高学歴(こうがくれき)、高収入(こうしゅうにゅう)、高身長(こうしんちょう))와 많은 차이를 보이고 있다.

  ○ 低姿勢 : 배우자를 존중하는 저자세
  ○ 低リスク : 수입이 늘지 않더라도 공무원처럼 수입이 안정적인 리스크가 적은 직업
  ○ 低依存 : 배우자를 구속하지 않고 각자의 생활을 존중하며, 의존적이지 않은 남자
     이는 버블 경제를 지나며 고실업시대를 맞아 시대를 반영하는 것으로 흥미롭다.

＊일본인의 성 읽기

さとう 佐藤	すずき 鈴木	たかはし 高橋	たなか 田中
わたなべ 渡辺	いとう 伊藤	やまもと 山本	こばやし 小林
さいとう 斉藤	かとう 加藤	やまだ 山田	よしだ 吉田
ささき 佐々木	いのうえ 井上	きむら 木村	まつもと 松本
しみず 清水	はやし 林	もり 森	いけだ 池田
やまぐち 山口	いしかわ 石川	はせがわ 長谷川	おがわ 小川
うちだ 内田	なかじま 中島	おかだ 岡田	やまざき 山崎

はしもと 橋本	こじま 小島	あおき 青木	しまだ 島田
かねこ 金子	えんどう 遠藤	たむら 田村	あべ 阿部
たかぎ 高木	わだ 和田	おおた 太田	なかの 中野
こやま 小山	のだ 野田	ふくだ 福田	おおつか 大塚
おかもと 岡本	よこやま 横山	ごとう 後藤	まつむら 松村
まえだ 前田	ふじい 藤井	はら 原	みうら 三浦
いしい 石井	おの 小野	かたやま 片山	よしむら 吉村
うえの 上野	みやもと 宮本	よこた 横田	にしかわ 西川
たけだ 武田	なかがわ 中川	きたむら 北村	おおの 大野
たけうち 竹内	はらだ 原田	まつおか 松岡	やの 矢野
むらかみ 村上	あんどう 安藤	にしむら 西村	せき 関
もりた 森田	うえだ 上田	のむら 野村	たなべ 田辺
いしだ 石田	なかやま 中山	まつだ 松田	まるやま 丸山
ひろせ 広瀬	やました 山下	くぼ 久保	
あらい 新井	かわかみ 川上	おおしま 大島	